살면서 꼭 한 번은
자유론

살면서 꼭 한 번은

자유론

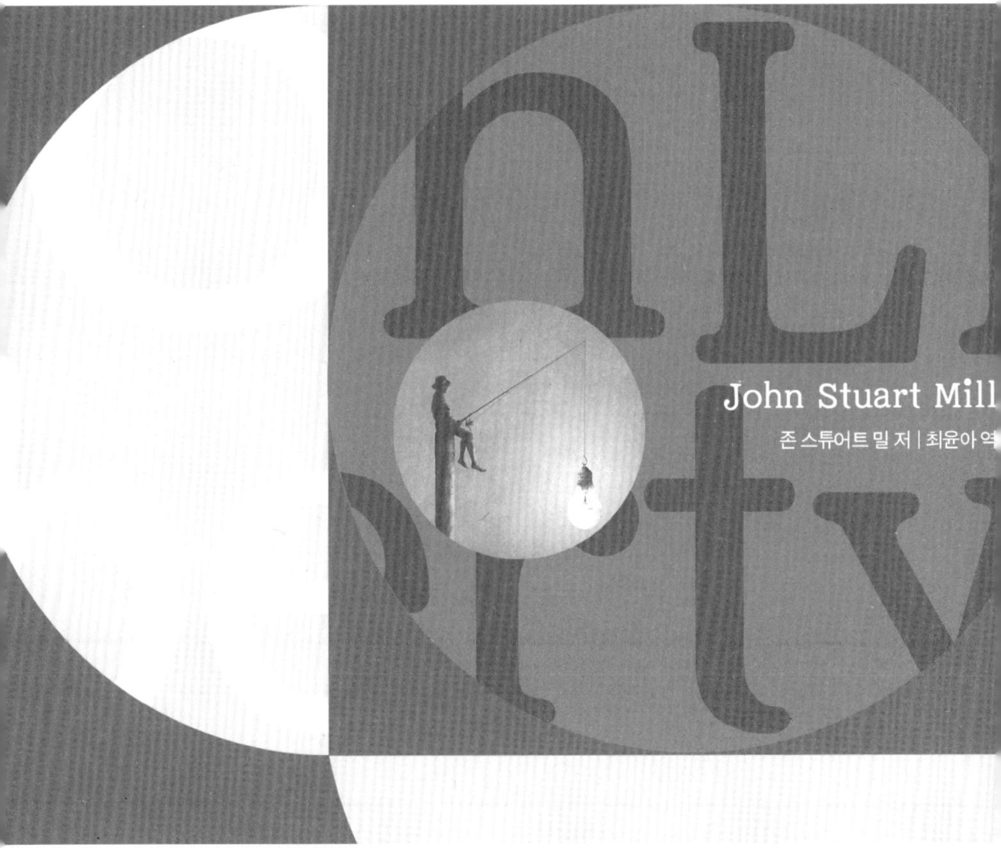
John Stuart Mill
존 스튜어트 밀 저 | 최윤아 역

다른상상

John Stuart Mill
(1806-1873)

차례

헌정사

제1장 들어가는 말 _10

제2장 사상과 토론의 자유 _41

제3장 행복한 삶을 위한 필수적인 요소 _130

제4장 사회가 개인에게 행사할 수 있는 권한의 한계 _176

제5장 적용 _220

존 스튜어트 밀 연보 _273

내가 이 책의 장마다 전개하고 있는 모든 주장은
위대한 하나의 원칙으로 통합된다.
인간의 발전에서 가장 절대적이고 본질적으로 중요한 것은
풍부한 다양성 속에서 발전을 추구하는 것이다.

/ 빌헬름 폰 훔볼트
《정부의 영역과 의무》[1]

---

1 독일의 철학자, 교육학자, 정치가로 베를린대학교의 공동설립자이기도 하다. 교육의 목표를 설정할 때 무엇보다도 인간의 자유를 최우선으로 두었으며, 개개인의 능력을 최상의 상태로 끌어올리기 위해서는 국가의 개입을 배제한 교육의 자유화가 이루어져야 한다고 주장했다. 이러한 사상이 그가 주도한 교육개혁에 반영되었으며 이 책을 쓴 존 스튜어트 밀에게도 영향을 끼쳤다.

헌정사

나에게 영감을 주어 최고의 글을 쓸 수 있도록 해주고 부분적으로는 이 글의 저자이기도 한 사랑하는 그녀[2]에게 이 책을 바친다. 나의 친구이자 동반자인 그녀가 지닌 진리와 정의에 대한 고귀한 식견은 늘 나에게 강력한 동기를 심어줬고, 그녀의 칭찬은 내게 가장 큰 찬사였다.

내가 오랜 세월 써왔던 모든 글과 마찬가지로 이 책의 저자는 나이자 그녀이다. 하지만 이 책은 그녀의 정성 가득한 손길을 거치지 못하여 한없이 부족할 뿐이다. 가장 중요한 몇 부분을 더 자세히 검토해주기를 바라며 남겨뒀는데 그녀가 떠나버렸기 때문이다.

그녀와 함께 뛰어난 지혜와 고결한 감성으로 세상을 바라보던 그녀의 능력 또한 땅속에 묻혔기에 내가 아무리 애를 써도 따라갈 수 없다. 그녀의 식견을 절반이라도 해석해 세상에 전할 수 있다면 좋으련만 그저 안타까울 따름이다.

---

2 밀의 아내 해리엇 테일러 밀을 가리킨다. 영국의 철학자이자 페미니스트로, 오랜 세월 동안 밀의 정신적 지주가 되어주었으며 여러 저서를 함께 집필했다.

제1장

들어가는 말

내가 이 글에서 다루는 주제는, 매우 안타깝게도 '철학적 필연성'으로 잘못 명명된 원칙과는 반대되는 것으로 여겨져온 '의지의 자유'가 아니라, '시민의 자유', 즉 '사회적 자유'에 대한 것이다. 다시 말해 사회가 개인에게 합법적으로 행사할 수 있는 권력의 본질과 한계에 대한 것이다.

 일반적으로 이 주제와 관련해서는 문제가 제기된 적도, 논의된 적도 없지만 당대의 실천적인 논쟁들에 내재되어 지대한 영향을 끼쳐왔고, 머지않은 미래에는 주요한 화두로 거론될 것이다. 어찌 보면 태초부터 인류와 함께해온 과제라고 할 수 있는데, 더욱이 문명사회가 발달하면서 이 주제를 둘러싼 환경도 달라졌으므로 이에 따른 새로운 접근방식이 필요하다.

자유와 권력 사이의 갈등

역사적으로 '자유'와 '권력' 사이의 갈등은 끊임없이 되풀이되었다. 특히 그리스, 로마, 영국의 초창기 역사에서 그 부분이 두드러진다. 과거에는 시민 혹은 시민 중에서도 일부 계급과 정부 사이에서 갈등이 발생했다. 이 시기에 자유는 통치자의 폭정에서 벗어나 보호받는 것을 의미했다. 그리스의 일부 대중 정부를 제외하고 통치자는 자신이 지배하는 시민들과 적대적인 관계에 놓일 수밖에 없다는 인식이었다.

통치자는 시민들을 지배하는 한 사람이나 한 지배 계급을 가리킨다. 보통 세습이나 정복을 통해 권력을 얻었는데, 피지배자의 이익을 위해 권력을 행사하는 일은 없었다. 피지배자들은 독재를 막을 예방책이 있어도 통치자의 권력에 감히 도전하지 못했다. 그들 중 가장 뛰어난 사람들조차 그럴 의지가 없었다. 통치자의 권력은 필수적인 것으로 여겨지는 동시에 엄청나게 위험한 것이기도 했다. 외부의 적이 아닌 백성을 억압하는 용도로도 쓰일 수 있는 무기였기 때문이다.

한 공동체가 독수리 떼에게 둘러싸였을 때 약한 구성원이 희생되지 않도록 하려면 누구보다 강한 독수리 한 마리가 나머지 독수리를 통제할 수 있어야 한다. 그러나 제왕 독수리도 언제든 공격을 가할 수 있으니 그의 강한 부리와 발톱으로부터 스스로를 지키기 위해서는 지속적인 방어 태세를 갖추는 수밖에 없었다. 따라서 통치자가 공동체에 행사할 수 있는 권력의 한계를 정하는 것이 애국자들의 목표였다. 이 한계가 바로 그들에게 자유(Liberty)를 의미했다.

하여 두 가지 방식으로 권력을 제한하려는 시도가 이루어졌다. 첫 번째, 정치적 자유 또는 권리의 영역을 정해놓는 방식이었다. 이 영역에 속한 것들에는 통치자가 권력을 행사할 수 없고, 만약 그렇게 했을 시에는 통치자의 의무를 위반한 것으로 보았으며, 그에 대한 저항은 타당한 것으로 간주했다. 두 번째, 시간이 조금 흐른 뒤에 시도한 방식으로, 통치자가 권력을 행사할 때 중요한 사안에 대해서는 공동체 혹은 공동체의 이익을 대표하는 단체의 동의를 얻어야 한다는 것을 법으로 규정했다.

첫 번째 방식의 경우, 유럽 대부분의 국가에서는 거의 강제적으로 따를 수밖에 없었다. 그러나 두 번째 경우, 그것을 쟁취하기 위해서 혹은 이미 어느 정도 실행되고 있는 상태에서는 더 완전하게 쟁취하는 것이 자유를 사랑하는 사람들의 주된 목표였다. 그러나 인류가 당장 눈앞의 적을 물리치는 것에만 그리고 폭정을 방지하는 것에만 집중해서는 그들의 열망이 더 높은 곳으로 향할 수 없었다.

하지만 시간이 흐르고 인간사가 발전하면서, 사람들은 더 이상 자신들의 이익에 반하는 통치자의 권력을 당연하게 생각하지 않게 됐다. 국가의 고위 공직자들을 그저 그들의 하수인이나 대리인쯤으로 여기고, 마음에 들지 않으면 바꿔버리면 그만이었다. 그것으로써 권력이 그들에게 불이익을 가져다주는 방향으로 남용되지 않을 수 있는 안전장치가 마련되었다고 생각했다. 더욱이 대중 정당이 있는 국가들이 선거를 통해 통치자를 선출하고 임기제를 부여하자는 요구를 실현하면서 통치자의 권력을 제한하려는 기존의 노력은 상당 부분 대체됐다.

선출제와 임기제의 도입에 따라 사람들은 그동안 권력 자체를 제약하는 것에 너무 많은 비중을 두었다는 사실을 깨달았다. 권력의 제한은 상습적으로 국민의 이익에 반하여 자신의 이익을 추구하는 통치자를 견제하는 수단이었으나, 이제는 거기서 더 나아가 통치자가 추구하는 방향과 국민이 추구하는 방향이 하나로 합일되어야 한다는 요구가 생겨났다. 그리하면 국민은 자기 의지를 제한할 필요도, 폭정에 대한 우려도 사라질 것이었다.

국민은 언제든지 통치자를 바꿀 수 있고, 권력 사용의 모든 권한을 국민이 규정할 수 있다면, 통치자에게 국민의 안위를 책임지라는 명목으로 권력을 맡겨도 무리가 없다. 통치자의 권력은 곧 국민의 권력으로, 단지 행사하기 편리한 형태로 통치자에게 집중되어 있을 뿐이다.

정서라고 말하는 것이 더 적절할지 모르겠지만 이러한 사고방식은 유럽 자유주의의 마지막 세대에서 일반적이었는데, 유럽의 대륙 지역에서는 여전히 지배적인 것으로 보인다. 그래서 이 지역의 정치 사상가들 중에서, 애초에 존재해서는 안 되는 정부 형태를 제외하고는, 정부의 역할이 제한적이어야 한다고 주장하는 이들은 예외로 손꼽혔다. 시대의 흐름에 따라 사람들의 인식이 바뀌지 않았다면 이와 비슷한 사고방식이 영국에서도 지배적이었을 것이다.

다수의 횡포가 갖는 위험성

사람의 경우와 마찬가지로 정치 이론과 철학 이론이 실패했을 때 그 결점과 약점이 드러나지 않을지도 모른다. 하지만 성공을 거두면 모조리 드러나게 되는 법이다. 대중 정부가 꿈같은 일이거나 아득한 과거에 존재했던 것이라 책에서만 읽을 수 있었던 시절에는, 통치자가 행사하는 권력에 대해서 제한을 둘 필요가 없다고 생각했다. 그런 생각은 프랑스 혁명 같은 일시적 일탈—이 중에서 최악의 경우는 그것이 대중 정부에 지향점을 둔 지속적인 활동이 아니라 왕과 귀족에 대한 갑작스러운 반발에서 비롯한 소수의 권력 찬탈에 불과할 때였다—에도 전혀 흔들리지 않았다.

그리고 시간이 흘러 어느 민주 공화정이 지구의 큰 부분을 차지하고, 국제 사회에서 가장 강력한 열강으로 부상했다.[3] 그리하여 정부는 선거를 통해 선출되고, 국민에게 책임을 지며, 관찰과 비판의 대상이 되었다.

지금은 '자치'라든가 '스스로를 다스리는 국민의 권력'이라

---

3 아메리카 대륙을 차지한 미국을 말한다.

는 용어가 이러한 양상을 표현하는 데 적절치 않다. 권력을 행사하는 '국민'이 항상 그 권력이 행사되는 대상과 동일하지 않기 때문이다. '자치'라는 말도 각자가 스스로를 지배한다는 의미가 아니라 각자가 자신을 제외한 나머지 모두의 지배를 받는다는 의미다. 국민의 의지라는 것도 실질적으로는 모든 사람 중에서 그 수가 가장 많거나 가장 활동적인 일부, 즉 다수파 혹은 스스로를 주류로 만드는 데 성공한 사람들의 의지를 뜻한다.

이들이 여론을 이끌고 국민의 일부를 억압하려는 욕구를 '품을 수 있으므로' 다른 권력의 남용을 대할 때와 마찬가지로 예방조치가 필요하다. 따라서 권력의 주체가 공동체, 즉 공동체 내에서 가장 강력한 집단에 대해 책임지는 것이 정착됐더라도, 개개인에게 행사할 수 있는 정부의 권력을 제한하는 것은 여전히 중요하다.

이런 관점은 사상가들의 지성에도 그리고 실제적으로든 잠재적으로든 그 이해관계에서 민주주의와 대립할 수밖에 없는 유럽 사회의 중요 계급의 취향에도 똑같이 매력적으로 받아들여져 큰 갈등 없이 자리 잡았다. 정치적 공론에서도 '다수의 횡포'[4]는 사회가 늘 경계해야 하는 악으로 여겨지는 것이 일반적이었다.

  다수의 횡포는 주로 공권력이 행사될 때 많이 나타났고, 지금도 여전히 사람들이 두려워하는 일이다. 더욱이 공권력을 통해서만 이루어지는 것이 아니라 사회 자체가 폭군이 되었을 경우, 즉 사회가 공동체의 구성원인 개개인을 상대로 집단적인 횡포를 부릴 경우에는 더 큰 문제를 야기한다.

  사회가 올바른 권한이 아니라 그릇된 권한을 행사하거나, 사회가 개입해서는 안 되는 문제에 권한을 행사할 경우에는 그 어떤 정치적 압제보다 훨씬 무시무시한 사회적 횡포가 되어버린다. 통상적으로 극단적인 형벌을 동원하지는 않지만 개개인의 삶의 모든 영역으로 깊숙이 파고들어 사람의 영혼을 노예화하고, 거기에서 벗어날 길을 남겨놓지 않기 때문이다.

  그러므로 공권력의 횡포에 저항하는 것만으로는 부족하다. 지배적인 여론이나 정서의 횡포도 막아야 한다. 즉 사회가 공적인 민사 처벌을 수단으로 해서 사람들에게 다수의 이념과

---

4 다수의 횡포(The tyranny of majority)는 프랑스의 정치학자 알렉시 드 토크빌이 주장한 것으로, 어느 집단에서 특정 사상이 대다수의 지지를 얻고 있는 것을 절대적인 정의라고 착각하고, 그에 반하는 소수를 비판하고 억압하는 것을 말한다.

관습을 행위규범으로 받아들이도록 강요하는 것에서도 보호받아야 하는 것이다. 사회는 이런 방식으로 자신과 부합하지 않는 어떤 개별성도 발전하지 못하도록, 아예 형성되지조차 못하도록 막아버리고, 사회가 정해놓은 기준에 맞추도록 강제한다.

따라서 사회와 집단이 개인의 독립성에 관여하는 영역에는 제한을 두어야 한다. 그런 한계를 규정하고 침해하지 못하도록 유지하는 일은, 정치적 폭정을 방지하는 것만큼이나 인간다운 삶의 여건을 마련하는 데 반드시 필요한 조치다.

개인의 독립성과 사회의 통제 사이의 균형

일반적인 차원에서는 이 명제에 이의를 제기하기란 어려울 것이다. 그래서 그 한계 설정에 대한 문제, 즉 개인의 독립성과 사회의 통제 사이에서 어떻게 적절한 균형을 이룰 것인가 하는 실질적 문제들은 대부분 해결되지 않은 채로 남아 있다.

무엇이든 그 존재 가치를 지니기 위해서는 다른 사람의 행위를 제한할 힘이 있는지 여부가 중요하다. 일부 행위규범은 처음부터 법에 의해 강제성을 가져야 하고, 법을 적용하기에 적절하지 않은 그 밖의 일에 대해서는 여론을 통해 강제성을 얻어야 한다. 어떤 것이 어느 규칙 영역에 속하는가는 인간의 삶에서 아주 중요한 문제다. 그러나 몇 가지 경우를 제외하면 이 문제를 해결하는 일은 거의 진전을 보이지 않는다. 서로 다른 시대, 서로 다른 나라에서 같은 결정을 내린 적은 거의 없을 뿐만 아니라 한 시대의 한 국가에서 내린 결정이라도 다른 시대나 다른 국가에서는 의아하게 여긴다.

과거에 그러한 결정을 내린 사람들은 인류가 언제라도 같은 결정을 내릴 것처럼 거기에 대해 전혀 의심하지 않는다. 자신들이 스스로 통용한 규칙이라면 따로 증명할 필요 없이 자명하고 정당해 보이는 법이다. 이런 착각은 마치 주술과도 같은 관습의 영향력을 잘 보여준다. 관습은 옛 격언에서 말하는 것처럼 제2의 본성일 뿐인데, 사람들에 의해 제1의 본성으로 잘못 받아들여져 왔다. 그리하여 인류는 서로에게 부과한 행위규범에 대해 아무런 의혹을 품지 않는다.

관습에 대해서는 다른 사람에게 설명하든 자기 자신에게 이해시키든 일반적으로 굳이 이성을 동원하여 설명할 필요가 없다고 여겨지므로 그런 효과는 더욱 완벽하게 강화된다. 사람들은 이런 성격의 문제들에 대해서는 이성적인 측면보다는 정서적인 측면에서 다루는 것이 더 낫다고 믿고 있으며, 철학자라는 이름을 달고 있는 사람들이 그런 믿음을 더욱 부추겼다.

인간의 행동을 규율하는 실질적 원리는 모든 사람이 자신처럼 행동해야 한다고 생각하는 정서, 그리고 그들 또한 자신이 그렇게 행동하기를 바랄 것이라고 여기는 정서에서 비롯된다. 실제로 누구도 자신의 판단 기준이 자기 선호를 바탕으로 한다는 점을 인식하지 못한다. 그러나 어떤 행동에 대한 의견이 이성적인 근거들로 뒷받침되지 못하면 한 개인의 선호에 불과하다. 또, 이성적인 근거라고 제시한 것이 단지 다른 사람들의 선호를 언급하는 것이라면 그것은 다수의 선호에 지나지 않는다.

평범한 사람은 자신의 선호가 다수의 지지를 바탕으로 할 때 그것이 완벽하게 만족스러운 이성이라고 착각하고, 그것을 자기 종교의 교리에 명확하게 쓰이지 않은 도덕이나 취향이나 예절에 대한 자신의 관점을 세울 때 유일한 근거로 삼는다. 심지어 종교의 교리를 해석하는 데 중요한 지침으로 삼는다.

무엇이 칭찬받을 일이고, 또 무엇이 비난받을 일인지에 대해 생각할 때 사람들은 여러 요인에 영향을 받는다. 그 요인들은 타인의 행동에 대한 그들의 기대에도 영향을 미치고, 다른 문제들에 대해서도 그들이 바라는 것을 결정짓게 하는 원인만큼 그 가짓수가 많다. 가끔은 이성이, 또 가끔은 선입견과 미신이 원인으로 작용한다. 사회적 호감이나 그와 정반대인 사회적 반감, 부러움이나 질투, 오만이나 경멸도 그런 원인에 해당한다. 무엇보다도 자기가 원하거나 두려워하는 것, 즉 자신을 위한 것이 정당하든 정당하지 않든 가장 큰 원인으로 작용한다.

어느 나라에서 한 특정 계급이 새롭게 부상하는 경우에는, 그 나라 도덕률의 상당 부분이 그 계급의 이익과 우월의식에 좌우된다. 스파르타인과 그들의 노예, 농장주와 흑인 노예, 군주와 신하, 귀족과 평민, 남성과 여성 사이의 도덕률은 대부분

이런 지배 계급의 이익과 정서를 반영하고 있다. 그렇게 정착된 것이 다시 지배 계급의 구성원들이 지닌 도덕적 감정과 그들 사이의 관계에도 영향을 끼친다. 반대로 지배 계급이 더 이상 대중의 지지를 받지 못하고 지배력을 잃게 되는 경우에는, 그동안 지배적이었던 도덕적 정서와 그 우월적 지위에 대한 혐오가 생겨난다.

법이나 여론을 통해 강제되고 금지되는 행위규범을 결정할 때 가장 큰 원리로 작용해온 것은, 권력자나 종교적 교리를 맹목적으로 따르려는 인류의 노예근성이었다. 이 노예근성은 본질적으로 이기적이지만 위선적이지는 않다. 그러나 이 노예근성이 진정한 혐오의 정서를 낳아서, 사람들이 주술사들과 이단자들을 화형시키는 끔찍한 사태가 벌어지고 말았다.

통제의 요인과 균형

한 사회의 도덕적 정서를 형성하는 데 그 사회의 이해관계가 중요한 영향력을 끼치는 것은 당연한 일이다. 그런데 그러한 이해관계 자체보다 더 큰 영향력을 지니는 것은 거기에서 생거나는 공감과 반감이다. 심지어 이해관계와 전혀 연관이 없는 공감과 반감도 그 사회의 도덕률을 형성하는 데 상당한 영향력을 미쳤다. 즉, 사회 혹은 그 사회의 일부 강력한 세력이 선호하거나 혐오하는 것이 일반적으로 지켜야 하는 행위규범을 결정하는 데 가장 큰 요인이 되었다는 것이다. 그 행위규범은 법과 여론의 처벌을 통해 지키도록 강제된다.

사회의 사상과 정서를 이끌어나가는 진보적 인물들은 몇몇 세부적인 부분에서 그런 것들과 갈등을 빚더라도 원칙적으로는 그런 상황을 그대로 내버려뒀다. 사회가 선호하거나 혐오하는 것이 개인들을 제약하는 법이 되어야 하는지 여부에 의문을 갖기보다는, 사회가 무엇을 선호하고 혐오해야 하는지 질문하는 데 전념했다. 그들은 이단자들의 자유를 옹호하고자 공동의 대의를 세우는 것에는 별 관심이 없었고, 자신들이 제시한 이단적인 의견들을 거북해하는 보편적 정서를 바꾸려고 노력했다.

여기저기에 흩어져 있는 예외들을 제외하고 모든 사람이 원칙적으로 더 높은 근거로 받아들여 일관되게 지켜온 정서로는 종교적 믿음이 유일하다. 이는 사람들이 지켜온 도덕적 정서라는 것이 그릇된 것일 수도 있음을 보여주는 사례이기도

하다. 신자에게 있어서 '신학적 증오(Odium theologicum)'[5]는 도덕적 정서를 구성하는 가장 확고한 요소가 되기 때문이다. '보편 교회(Universal church)'[6]라는 굴레를 가장 먼저 벗어버린 사람들이라고 해도 교회 자체의 종교적 견해 차이는 용납하지 않았다.

그러나 어느 쪽도 완전한 승리를 거두지 못하고 싸움이 종결되자, 각 교회나 분파는 각각 기존에 지니고 있던 권리를 유지하기로 했다. 자신들이 주류가 될 기회가 없다는 것을 인지한 소수파는 다수파로 개종할 수는 없었기 때문에 종교적 견해 차이를 받아들여 달라고 요청하는 수밖에 없었다. 이 갈등을 계기로 사회가 개인의 권리를 침해할 수 없다는 원칙이 공표되었고, 사회가 다수의 의견에 반발하는 개인을 제약해야 한다는 주장은 공개적으로 반박당했다.

사람들이 종교적 자유를 쟁취하는 것에 크나큰 기여를 한

---

[5] 본래 신학 관련 논쟁을 벌이는 중에 사람들에게 촉발되던 강렬한 분노를 말하는데, 이후에는 자신의 신념을 옹호하기 위해 드러내는 분노를 가리키는 용어로 사용됐다.
[6] 로마 가톨릭교회를 일컫는 말이다. 로마 가톨릭은 자신들과 다른 교리는 용납하지 않았는데, 그 때문에 개신교와 큰 갈등을 빚었으며, 이는 영국의 근대를 규정하다시피 한 중요한 문제로 부상했다.

훌륭한 저술가들은 대체로 양심의 자유를 두고 결코 빼앗을 수 없는 권리라고 주장하며, 한 사람이 자신의 종교적 신념에 대해 다른 사람들에게 설명하고 책임져야 한다는 견해를 전적으로 부정했다.

그러나 사람은 자신이 진정으로 소중하게 여기는 것에 대해서는 관용을 베풀지 못하는 것이 천성이어서, 종교의 자유가 온전히 실현된 곳은 거의 없었다. 종교에 무관심한 일부 지역에서는 신학 논쟁이 사회 평화를 위협하는 것을 싫어했기 때문에 실질적으로 거의 실현되지 못했다. 종교적 관용이 허용된 국가라 하더라도 거의 모든 종교인이 암묵적으로 관용의 한계를 정하고 있었다.

예를 들어, 교회 행정과 관련한 문제들에 대해서는 다른 견해를 받아들여도 교리에 대해서는 타협할 수 없다고 생각했다. 또 모두를 포용할 수 있다면서도 교황 절대주의자나 유니테리언파[7]는 제외했다. 계시 종교를 믿는 사람에게만 관용이 허용된다고 생각하거나 좀 더 폭넓게 관용을 베풀려다가도 하

---

[7] 유니테리언파는 신격의 단일성을 주장하며, 기독교의 정통 교리인 삼위일체론, 그리스도의 신성, 원죄론을 부정하고 성부 하느님만이 유일하다고 봤다.

느님과 내세를 믿는 사람으로 그 대상을 국한하기도 했다. 종교적 다수파의 정서가 완고할수록 그 신앙에 복종해야 한다는 주장이 강력하다.

영국은 정치사적 상황으로 인해 여론의 굴레는 더 강력해졌지만, 법률의 굴레는 한층 가벼워졌다. 그리고 입법부나 행정부가 개인의 사적인 행동에 직접적으로 개입하는 것을 상당히 경계하는데, 이는 개인의 독립성을 지키기 위한 관심에서라기보다는 정부를 여전히 대중의 이익과 반대되는 대표적 세력으로 바라보는 습성이 남아 있기 때문이다.

국민 대다수는 아직 정부의 권력이 자신의 권력이고 정부의 의견이 자신의 의견이라는 생각을 받아들이지 못했다. 국민이 자신과 정부를 동일시한다면 개인의 자유는 이미 여론의 침해에 노출되어 있는 것만큼 정부의 침해에도 똑같이 노출될 우려가 있기 때문이다. 따라서 지금까지 법의 규제가 없던 영역에서 개인을 규제하려는 시도에 대해서는 반감이 여전히 크다. 이런 반감은 법적 규제의 합법 여부와는 상관이 없다.

전체적으로 보면 그런 감정은 아주 유익한 것일 수도 있으나 구체적인 사안에 적용했을 때 타당한 근거가 되어줄 가능성만큼이나 그릇된 결과의 원인이 될 가능성도 있다. 실제로 정부가 개입하는 것이 적절한지, 아닌지를 객관적으로 판단할 수 있는 공인된 원칙은 없으며, 사람들은 자신의 개인적인 선호에 따라 결정한다.

개인을 통제할 때 필요한 원칙

어떤 사람들은 정부가 개입하면 좋은 일이 생기거나 사회악이 근절될 수 있다고 생각하면서 기꺼이 정부의 개입을 촉구한다. 반면에 정부의 통제에 순응해야 하는 영역이 늘어나는 것보다는 웬만한 사회악은 견디는 편을 선택하는 사람들도 있다. 이처럼 구체적인 사안에 따라 사람들은 어느 편에 설지에 대해 각양각색으로 반응한다. 각자가 지닌 정서의 방향도 다르고, 정부가 개입해야 한다고 주장하는 이해관계도 다르며, 정부가 자신이 선호하는 방식으로 개입해주기를 혹은 개입하지 말기를 바라는 신념도 다르다.

하지만 정부가 무엇에 개입하는 것이 적절한지에 관해서는 일관된 견해를 유지하는 사람이 좀처럼 없다. 규칙이나 원칙이 없으니 현재는 이렇게 하는 편이 옳다지만 다른 때에는 그

것이 틀릴 수도 있다. 정부의 개입을 촉구하거나 비난하는 것이 적절하지 않을 가능성은 똑같이 존재하는 것이다.

이 책의 목적은 법적 처벌 같은 물리적 공권력을 동원하든 여론 같은 도덕적 강제력을 동원하든 사회가 개인을 강제하고 통제할 수 있는 경우를 엄격하게 규정하는 것이다. 나는 이것에 대한 아주 간단한 원칙을 밝히겠다. 개인이든 집단이든 타인의 자유로운 행위에 정당하게 개입할 수 있는 경우는 오직 자기 보호를 목적으로 할 때뿐이라는 것이다.

같은 맥락에서 공동체 구성원이 지닌 의지에 반하는 권력을 행사하면서도 정당성을 잃지 않는 경우는 타인에 대한 위해를 막고자 할 때뿐이다. 육체적으로든 정신적으로든 타인의 이익과 행복을 위한다는 명목에서 행하는 것이더라도, 타인에게 개입할 수 있는 정당한 근거가 될 수 없다. 타인의 의사에 반하는 것이라면 더더욱 어떤 행동을 강제할 정당한 권한은 없는 것이다.

그에게 합당한 이유를 들어 설득하거나, 권유하는 것은 가능하지만 강제하거나 해를 끼쳐서는 안 된다. 그가 타인에게 틀림없이 해를 끼친다고 판단되는 경우에만 그의 행동을 강제하는 것이 정당화된다.

다시 말해 개인의 행동 중 다른 사람에게 영향을 미치는 부분에 대해서만 사회가 그 책임을 물을 수 있다는 것이다. 오직 자기 자신에게만 영향을 미치는 부분에 대해서는 당연히 개인의 독립성이 우선적인 권리로, 개인은 절대적인 자유를 누려야 한다. 자신의 신체와 정신에 관해서는 각 개인이 주권자다. 이러한 원칙이 정신적으로 성숙한 사람에게만 적용된다는 것은 굳이 언급할 필요가 없을 것이다. 어린아이나 청소년처럼 다른 사람의 보살핌을 받아야 하는 상태에 있는 사람들은 외부의 위해뿐만 아니라 자기 행동의 결과에 대해서도 보호받아야 마땅하다.

또, 아직 문명화가 덜 진행된 지역의 국민도 같은 이유에서 논외로 한다. 그들은 보호해주고 이끌어주어야 하는 미성년과 같기 때문이다. 자발적인 진보 과정의 초창기에는 아주 큰 어려움을 겪기 마련인데 그것을 극복할 수 있는 수단을 찾기란 거의 불가능하다. 그런 상황에서 진보하고자 하는 의욕으로 충만한 통치자가 그 목표를 이루는 데 달리 방도가 없을 경우에는 어떤 수단을 써도 그 정당성을 인정받는다. 그 수단이 독재일지라도 문명화라는 목적이 분명하고 합법적인 방법을 동원한다면 실제로 목적을 달성함으로써 정당화될 수 있다.

자유라는 하나의 원리는 인류가 자유롭고 평등한 토론을 통해 진보로 나아갈 수 있는 시대에나 적용 가능한 것이지, 그만큼 발전하지 못한 상태에는 적용하기 어렵다. 그때까지는 그저 인도 무굴제국의 아크바르(Akbar)나 샤를마뉴(Charlemagne) 대제와 같은 통치자에게 복종할 수밖에 없는데, 그것도 그런 지도자를 만나는 행운이 따르는 경우로 국한된다.

인류가 확신이나 설득을 통해 스스로 발전할 수 있는 능력에 도달하는 즉시—이 책에서 다루는 국가들은 이미 오래전에 그 경지에 올랐다—강제는 직접적으로 행사하는 형태든 간접적으로 처벌을 통해 복종하게 만드는 형태든 간에 더 이상 개인 자신의 이익을 위한 수단이 될 수 없다. 오로지 타인의 안전을 위해서 필요할 때만 강제가 인정된다.

자유와 효용

한 가지 지적하고 싶은 것은, 자유가 효용(Utility)과는 상관없는 추상적인 권리라는 생각이 어떤 면에서는 내 주장을 뒷받침해줄 수 있겠지만 나는 그것에 관해서는 언급하지 않았다.

나는 효용을 모든 윤리적 문제의 궁극적 기준이라고 생각하기 때문이다. 하지만 그것은 진보하는 존재인 인간의 영속적인 이익을 바탕으로 하는, 가장 넓은 의미의 효용이어야 한다. 나는 이 같은 이익을 근거로, 타인의 이익에 영향을 미치는 행동들에 대해서만 개인의 자율성을 통제할 수 있다고 주장하는 것이다.

타인에게 해가 되는 행동을 할 때 법적으로 처벌받거나, 법적 처벌이 적용되지 않는 곳에서는 여론에 의해 지탄받는 것이 마땅해 보인다. 또한, 다른 사람들의 이익을 위해서 적극적으로 행동하는 것을 개인에게 강제하는 것도 정당하다. 이를테면 법정에서 증언하는 일, 자신이 보호받는 사회의 이익에 필요한 공동의 방위나 그 밖의 다른 협력 작업에서 자신의 역할을 책임지는 일, 다른 사람의 목숨을 구하는 일, 스스로 방어하지 못하는 약자를 나쁜 의도로 이용하지 못하도록 개입하는 일 등 타인을 위한 개인의 선행을 말한다. 인간으로서 해야 할 의무가 있는 일을 하지 않는 개인에게 사회는 분명한 책임을 물을 수 있다.

인간은 행동하지 않음으로써도 다른 사람에게 해를 가할 수 있고, 어느 쪽이든 그 위해에 대해서 책임을 져야 한다. 물론, 행동하지 않는 것에 대한 강제는 훨씬 신중하게 다루어야 한다. 타인에게 해를 끼치는 행동을 한 사람에게 책임을 묻는 것은 당연하다. 하지만 타인이 해를 입지 않도록 방지하지 않았다는 이유로 책임을 묻는 것은 상대적으로 예외적인 일이다. 그런 예외의 정당함을 명백하고 신중하게 판단해야 한다.

개인은 대외적으로 자신이 하는 모든 일에 있어서 이해관계가 얽혀 있는 사람들뿐만 아니라 필요한 경우에는 그들을 보호하고 있는 사회에 대해서도 '법적인' 책임을 져야 한다. 그러나 해당 사안의 특성상 개인에게 그런 책임을 부과하지 않는 편이 더 합리적인 경우도 종종 있다. 사회가 자기 권력으로 개인을 통제할 때보다 개인 자신의 자유재량에 맡겨둘 때 더 나은 행동을 할 수 있기 때문이다. 그것이 아니라면 사회의 통제로 방지할 수 있는 해악보다 더 큰 해악들이 생겨날 여지가 있다.

이러한 이유에서 그 책임을 강제하지 못하게 되면, 개인의 양심이 비어 있는 판사석으로 대신 나아가서 더욱 엄격하게 스스로를 심판하고, 사회라는 외부의 보호를 받지 못하는 타인의 이익을 지켜야 한다.

인간의 자유가 보장되어야 하는 영역

한편 개인과 구별되는 영역으로 사회와는 아무런 이해관계가 없거나 설령 있다고 하더라도 오로지 간접적인 이해관계만 있는 행동 영역이 있다. 당사자 자신에게만 영향을 미치는 혹은 타인에게까지 영향을 미칠지라도 그들을 기만하는 것이 아니라 자유롭게 자발적으로 동의해 참여하는 경우가 이 영역에 해당한다.

여기에서 '당사자 자신에게'라는 말은 직접적이고 일차적인 관점에서 그 자신에게만 영향을 주는 일들을 말한다. 하지만 그런 일들은 무엇이든 그 자신을 통해서 이차적으로 타인에게도 영향을 끼친다. 그로 인해 우연히 발생하는 결과와 위해에

관한 반론은 나중에 살펴볼 것이다. 따라서 인간의 자유가 제대로 보장돼야 하는 영역은 다음과 같다.

첫 번째, 의식이라는 내면적 영역이다. 가장 포괄적인 의미에서의 양심의 자유, 사상과 감정의 자유 그리고 실천적인 주제든, 사변적인 주제든, 과학적 주제든, 도덕적 주제든, 신학적 주제든 모든 주제에 대해 의견과 정서의 자유를 절대적으로 누려야 한다는 것이다. 의견을 표현하고 출판할 자유는 다른 사람들에게도 영향을 미치는 개인의 행동이므로 다른 원리 아래에 놓여 있는 것처럼 보일 수 있다.

그러나 의견의 표현 및 출판의 자유는 사상의 자유 자체만큼이나 중요하게 여겨지고, 같은 이유에서 사상의 자유와 분리할 수 없다.

두 번째, 취향과 추구의 자유다. 우리 삶을 각자의 개성에 맞춰 설계하고, 자신의 뜻대로 행동하며, 그에 따른 결과에 스스로 책임을 질 수 있어야 한다. 이때 사람들이 개인의 행동에 대해 틀렸다고 생각하더라도, 우리가 타인에게 해를 끼치지 않는 한 그렇게 행동할 자유를 누려야 한다.

세 번째, 각 개인이 이러한 자유를 토대로 연합할 수 있는 결사의 자유다. 타인에게 해를 끼치고자 하는 목적이 아니라면, 강제에 의해 혹은 속임수에 의해 함께 하는 것이 아니라 자발적으로 참여하는 것이라면 이에 대한 자유를 누려야 한다.

정부의 형태가 어떻든 이런 자유들이 전반적으로 존중되지 않는다면 절대로 자유로운 사회가 아니다. 또, 이런 자유들을 절대적으로 누릴 수 없다면 완전히 자유로운 사회가 아니다. 타인의 자유를 방해하거나 박탈하지 않으면서, 우리 자신만의 방식으로 이익을 추구할 수 있는 자유만이 그 이름에 적합하다.

신체적인 것이든 정신적인 것이든 영적인 것이든 자신의 건강을 가장 잘 지켜낼 수 있는 사람은 오직 자기 자신뿐이다. 자신이 좋다고 생각하는 대로 살아가다 보면 고통을 당하게 될 수도 있지만, 인간은 다른 사람들의 기준에 따라 살도록 강요당하는 삶보다 그렇게 자기 방식대로 사는 삶에서 훨씬 큰 만족을 얻는 존재다. 이런 나의 주장이 전혀 새롭지 않고 누군가에게는 진부한 말로 들릴지 모르지만, 내가 주장하는 원칙만큼 기존의 관행과 전반적인 인식에 정면으로 맞서는 것은 아직 없다.

통제의 해악

사회는 기준을 설정해놓고서 사람들이 거기에 따르도록 강제하는 일에 온 노력을 기울여왔다. 고대 국가에서는 공권력으로 개인의 모든 사적인 행동을 규제할 수 있다고 생각했고, 철학자들도 여기에 동의했다. 모든 시민의 신체와 정신을 훈육하는 것이 국가의 이해관계와 깊은 관련이 있었기 때문이다.

강한 외세가 둘러싸고 있는 작은 국가들에서는 이런 사고방식이 인정받기도 했다. 외부의 공격이나 내부의 분란으로 전복될지 모르는 위험이 끊임없이 도사리고 있었으므로 잠깐이라도 자유를 허용하면 곧바로 치명적인 결과를 낳을 수 있었다. 그래서 사람들에게 자유를 주었을 때 영속적으로 얻게 될 유익한 효과를 기다릴 여유가 없었다.

현대사회에서는 정치 공동체의 규모가 한층 커져서 종교적 권위와 세속적 권위—인간의 양심을 통제하는 권위와 세상사를 통제하는 권위가 각각 다르다—가 분리됐고, 법적으로 개인의 삶에 대해 간섭할 수 없게 됐다. 그러나 지배적인 여론에서 벗어나려고 할 때마다 도덕적 억압이 뒤따랐고, 그것은 사회적 문제보다 개인과 관련한 문제에서 더욱 심해졌다.

도덕적 정서를 형성하는 가장 강력한 요소인 종교는 항상 인간의 모든 행동을 통제하려는 고위 성직자 계층의 야망이나 청교도 정신에 의해 지배되어 왔다. 그리고 이런 행태를 가장 크게 비판한 근대 개혁가 중 일부는 개인을 정신적으로 지배할 권리가 자신들에게 있다고 말하고 있다.

특히 오귀스트 콩트(Auguste Comte)[8]는 자신의 저서인 《실증정치체계》에서 고대 철학자들이 제시했던 개인에 대한 국가의 훈육이라는 정치적 이상을 능가하는, 사회의 철저한 통제―법적인 수단이 아니라 도덕적인 수단을 통한다고 하지만―를 주장했다. 이런 사상가들의 개별적인 신념과 주장을 차치하더라도, 오늘날 세계 곳곳에서 사회가 여론의 힘이나 법의 힘, 자신의 권력을 통해 개인을 과도하게 통제하려는 경향이 커지고 있다. 세계에 일어나는 모든 변화는 사회의 힘을 강화하고 개인의 힘을 약화시키는 방향이기 때문에, 이 같은 침해는 그냥 두면 저절로 사라지는 해악이 아니라 점점 더 큰 해악으로 자라날 것이다.

---

8 프랑스의 철학자이자 사회학자. '사회학'이라는 용어를 만들어낸 실증주의적 사회학의 창시자이다.

인류든 통치자든 국민이든 자신의 생각과 취향을 일종의 행동 규범으로 타인에게 강요하려는 성향이 있다. 그런 성향은 인간의 본성에 잠재되어 있는 좋은 감정과 나쁜 감정을 아주 강력한 토대로 삼고 있기 때문에 권력 그 자체를 몰수하는 것 이외에는 달리 방법이 없다. 그러나 이 같은 해악을 방지할 도덕적 신념이 강력한 장벽으로 작용하지 않는다면 그 권력은 약화되는 것이 아니라 오히려 강화될 것이고, 현재의 세계정세를 살펴봤을 때 사회의 권력이 강화될 수밖에 없다.

내 주장의 편의를 위해 곧바로 일반론으로 들어가지 않고 우선적으로 살펴보고자 하는 부분이 있다. 앞에서 언급한 원칙을 전적으로는 아니지만 어느 정도는 적용 가능하다고 사람들이 인정하는 분야를 살펴보고자 한다. 그 분야는 바로 사상의 자유에 관한 것이다. 그와 같은 뿌리를 두고 있어 따로 분리할 수 없는 언론과 출판의 자유도 함께 다룰 것이다.

종교적 관용과 결사의 자유를 인정하는 국가에서라면 이런 자유들이 이미 정치 도덕의 일부로서 자리하고 있을 테지만 그 기반이 된 철학적·실천적 원리에 대해서는 사람들이 낯설어할 수 있다. 심지어 여론을 선도하는 지도자들조차 완전히 이해하지 못할 것이다. 그 토대를 제대로 이해한다면 여러 분야에 훨씬 폭넓게 적용할 수 있을 것이다. 따라서 사상의 자유 분야를 철저하게 검토하는 것이 이 책의 나머지 부분에 대한 최고의 서론이 되어줄 것이다. 내가 개진하려는 주장이 전혀 새롭지 않은 사람들에게는 양해를 구하면서, 지난 3세기 동안 자주 논의되어 온 주제에 대해 내가 한 가지 논의를 덧붙이려고 한다는 점을 알린다.

제2장
사상과 토론의 자유

'출판의 자유'가 정부의 부패나 독재를 막아주는 안전장치로 꼭 필요하다는 것을 증명해야 하는 시기는 지나갔다고 믿고 싶다. 이제 입법부나 행정기관이 국민의 이해관계를 대변하지 않은 채 어떤 의견을 강요하고, 특정한 교리나 주장에 동조하도록 혹은 동조하지 못하도록 제한하는 것에 대해 논쟁할 필요는 없을 것이다. 게다가 이런 문제에 대해서는 과거에 많은 사람이 수도 없이, 그것도 성공적인 결과를 토대로 강조해왔기 때문에 특별히 더할 내용은 없을 것이다.

오늘날 출판에 관한 영국의 법이 튜더 왕조 시대의 전통을 따라서 억압적이기는 하나, 각료들과 법관들이 내란을 극도로 염려하여 일시적인 공황 상태에 사로잡혔던 시기를 제외한다면, 공권력이나 정치에 의해 침해당할 위협은 거의 없다.[9] 국민을 전적으로 책임지는 정부든 그렇지 않은 정부든 입법 국가에서 국민을 완전히 억누르려고 나서는 경우가 아니라면, 정부가 의사 표현의 자유를 억압하려 하는 것에 지나치게 신경 쓸 필요는 없다. 정부는 전적으로 국민과 하나이고, 국민의 목소리를 반영한 것이 아니고서야 결코 강제력을 행사할 생각을 하지 않는다고 전제하자.

하지만 나는 국민에게 스스로든 정부를 통해서든 그런 강제력을 행사할 권리가 있다고 생각하지 않는다. 최고의 정부라고 해서 최악의 정부와 달리 그런 권력을 행사해도 되는 자격을 갖는 것은 아니다. 여론만 따라서 강제력을 행사하는 정

---

9 이런 내용을 쓰고 나서 얼마 지나지 않아 마치 여기에 확실하게 반박하기라도 하는 것처럼 1858년에 '출판물 규제에 관한 법률(Government press prosecutions)'이 나왔다. 이 법에 기반하여 정부가 공개 토론의 자유에 간섭할 수 있게 됐지만 그로 인해 내가 이 글에서 한 글자라도 바꾸는 일은 없을 것이다. 잠깐 망연자실하긴 했으나, 이 나라에서 정치적 토론과 관련해 고통과 처벌을 받던 시대가 사라졌다는 나의 확신은 조금도 흔들리지 않았다. 그런 토론과 관련해 기소되는 일도 지속적으로 일어나지는 않았다. 제대로 말하자면 그런 기소들이 정치적 성격의 것이라고 말할 수 없기 때문이다. 정치제도, 통치자의 행태나 측근들을 비난했기 때문이 아니라 폭군의 살해는 합법적이라는 비도덕적 주장을 유포했다는 혐의였다.

부는 그 반대의 경우보다 더욱 해롭다.

 단 한 사람을 제외한 모두가 같은 의견이고, 오직 그 사람만 반대되는 의견을 제시한다고 해서 인류가 강제로 그 사람을 침묵시키는 것은 정당화될 수 없다. 그것은 그 한 사람이 권력을 가졌다고 해서 나머지 모든 인류에게 침묵을 강요하는 것만큼 부당한 일이다. 어떤 의견이 한 사람에게만 가치가 있을 뿐 다른 사람에게는 아무런 의미가 없고, 그런 의견을 억압하는 것이 그저 사적인 침해에 불과하더라도, 그러한 침해가 소

나의 주장이 타당성을 얻으려면 아무리 비도덕적으로 간주되는 주장이라도, '윤리적 확신의 문제'로서 자유롭게 제기하고 토론할 수 있는 자유가 완전히 보장돼야 한다. 폭군을 처단한다는 주장의 정당성은 이 장의 내용과 전혀 관계없으며, 따라서 여기에서 검토하는 것도 적절하지 않다. 다만 이 주제는 어느 시대라도 도덕에 관해 논쟁할 때 늘 따라오는 질문 중 하나라는 것을 언급하는 데 만족하겠다. 법 위에 군림하면서 법적 처벌이나 통제에서 벗어나 있는 범죄자를 한 개인이 처단하는 것은 모든 국민에게 그리고 가장 현명하고 훌륭한 몇몇 인물에게도 범죄가 아니라 칭송받을 만한 행동으로 여겨졌다. 하지만 그러한 행위는 정의의 여부와 상관없이 내란의 성격을 지닌다.
나는 특정한 경우에는 폭군을 처단하자는 선동에 처벌을 내리는 것이 옳다는 입장이다. 말로 선동한 직후에 그런 행위가 실제로 뒤따르는, 그 연관성이 입증되는 경우에만 말이다. 여기에 아무 상관 없는 외국의 정부가 개입하는 것이 아니라 그런 사건에 직면한 정부만이 자위권을 행사하여 국가의 존립을 위협한 공격에 대해 합법적으로 처벌할 수 있다─저자의 원주.

수에게 가해지는지 혹은 다수에게 가해지는지에 따라 심각성이 달라질 수 있다. 자기 의견을 표현할 자유를 개인에게서 박탈하는 것이 심각한 해악으로 작용하는 이유는 현세대뿐만 아니라 그 후손까지 어떤 의견에 찬성하든 반대하든 선택지를 강도질하는 것이나 다름없기 때문이다.

그 의견이 옳다면 오류를 수정해 진리를 구할 기회를 인류에게서 박탈하는 것이다. 그 의견이 틀렸을지라도 오류와 대조함으로써 진리를 더욱 분명하고 생생하게 인식할, 아주 유익한 혜택을 인류는 놓치게 되는 셈이다. 이 두 가지 가정은 그 논거가 서로 다르므로 따로 살펴볼 필요가 있다. 우리가 억누르려는 의견이 잘못된 것인지 결코 확신할 수 없고, 만일 확신한다손 치더라도 그 의견을 억누르는 것은 여전히 해악이다.

1. 억압하고자 하는 의견이 진리일 경우

첫째, 권력을 통해 억압하고자 하는 의견이 진리일 수 있다. 그것을 억누르려는 사람들은 그 진리를 부정하지만 그들의 판단이 절대적으로 옳다는 보장은 없다. 그들에게는 전 인류를 대표하여 그 문제에 대해 결정할 권한도, 다른 모든 사람에게서 그 문제에 대해 판단할 기회를 빼앗을 권한도 없다.

어떤 의견을 듣지 않으려는 것은 그 의견이 잘못됐다고 확신하기 때문이고, 그것은 그들의 그런 생각이 절대적 확실성을 지닌다고 가정하는 것이다. 토론을 잠재우는 모든 행위는 절대적으로 옳다는 가정을 전제로 한다. 이런 공통의 근거를 토대로 다른 의견에 대한 비난이 이루어지고, 이는 일반적이기에 잘못된 것으로 여겨지지 않는다.

인류의 식견과 판단을 위해서는 유감스러운 일인데, 사람들은 이론적으로는 자신이 틀릴 수 있다는 사실을 인정하지만 실질적으로 문제에 직면했을 때에는 좀처럼 그렇게 판단하지 못한다. 모두가 자신이 틀릴 수 있다는 것을 잘 알고 있다. 하지만 자신의 판단이 잘못됐을 경우를 대비하여 예방책을 마련한다거나 그동안 확신해온 것이 틀렸을 수도 있다는 사실을 받아들이는 사람은 극히 드물다.

특히 절대군주나 자신에게 무조건적으로 복종하기를 요구하는 데 익숙한 인물이라면 거의 모든 주제에 대해 자기 의견이 전적으로 옳다는 확신을 보인다. 자신이 틀렸다는 것을 알고 바로잡으려는 사람은 좀 더 나은 상황에 있는 것이다. 그러나 그런 사람일지라도 주변에서 같은 의견을 갖고 있는 사람이 있다거나 자신이 추종하는 사람이 같은 의견을 지니고 있다는 것을 알게 되면 무한한 지지를 보낸다. 자신의 독자적인 판단을 확신하지 못하는 사람일수록 일반적인 세계가 절대적으로 옳다는 암묵적 믿음에 의지하기 때문이다. 일반적인 세계란 각 개인이 접촉하는 사회의 일부분을 가리키는 것으로 정당, 분파, 교회, 계급이 여기에 해당한다. 이것들과 자신이 살아가는 국가와 시대를 비교하며 광범위하게 세계를 이해하는 사람은 드넓은 시야로 엄청난 자유를 누린다.

자신이 속한 집단의 권위를 굳게 믿고 있다면 다른 시대, 국가, 분파, 교회, 계급, 정당이 자기 집단과 정반대로 생각해왔고, 심지어 지금도 그렇게 생각하고 있다는 것을 알아도 절대 바뀌지 않는다. 더욱이 자신과 다른 세계에 있는 사람들을 올바르게 이끌 책임이 자기 세계에 있다고 여긴다. 단순한 우연으로 수많은 세계 중에 현재 세계에 머물게 되었다는 것에 개의치 않는다. 이를테면 런던에 살면 기독교인이 되고, 베이징에 살면 유교주의자나 불교 신자가 될 수 있다는 사실이 별로 중요하지 않은 것이다.

그러나 시대가 개인만큼 잘못을 범할 수 있다는 점은 굳이 많은 논거를 들이밀지 않더라도 그 자체로 자명하다. 모든 세대가 옳다고 고수한 많은 의견이 그다음 세대에서는 틀린 것으로 판명될 뿐만 아니라 우스꽝스럽게 여겨지기도 한다. 과거에 일반적으로 통용되던 인식 중 상당수가 지금은 부정당하듯이, 현재에 일반적으로 통용되는 인식 중 상당수도 미래에는 부정당할 것이다.

이런 주장에 대해 다음과 같은 형태의 반론이 제기될 것이다. 공권력이 자신의 판단과 책임으로 행하는 모든 일 중에서 자신이 절대적으로 옳다는 전제를 가장 확실하게 보여주는 것은 바로 틀린 의견이 전파되지 못하도록 금지하는 것이다. 인간에게는 판단력이 있고, 인간은 그 판단력을 사용한다. 그런데 잘못 판단할지도 모르기 때문에 누구도 판단해서는 안 된다고 얘기할 수 있을까?

공권력을 행사하는 사람들은 치명적이라고 생각하는 행위

를 금지할 수 있다. 그것은 그들이 절대로 오류를 저지르지 않는다고 주장하는 것이 아니다. 비록 잘못 판단할 가능성이 있더라도 자신의 양심적인 확신에 따라 자기에게 맡겨진 의무를 이행해야 한다. 틀릴지도 모른다는 생각 때문에 자기 의견에 따라 행동하려 하지 않는다면 모든 의무와 이익을 포기하는 것이다.

모든 행동에 적용되는 반론일 경우에는 어떤 특정한 행동에도 유효한 반론으로 적용되지 못할 수 있다. 최대한 가장 진리에 가까운 의견을 신중하게 제기하는 것이 정부와 개인 모두의 의무이지만 다른 사람에게 강요해서는 안 된다. 그러나 그 의견이 이성적인 근거에 따라 옳다는 확신이 들었을 때조차 그 의견에 따라 행동하기를 꺼린다면, 또 현재 혹은 미래에 인류의 안녕을 위협할 신조들이 무차별적으로 유포되도록 방치한다면, 그것은 양심적인 행동이 아니라 비겁한 행동이다. 완전히 계몽되지 않은 시대에 지금은 진리라고 통용되는 의견을 주장한 대가로 박해받았다고 해도 말이다.

정부와 국가는 권력을 제대로 행사하지 못하고 잘못을 반복해왔다. 부당한 세금을 징수했고, 정의롭지 않은 전쟁을 일으켰다. 그렇다고 세금 자체를 없애고, 어떤 도발에도 순응하여 전쟁을 벌이지 말아야 하는 것은 아니다. 국민과 정부는 각자 자신의 능력을 최대치로 발휘하여 최선의 행동을 해야 한다.

절대적인 확실성 같은 것은 없지만, 저마다 삶의 목적에 따라 어떤 행동을 해야 하는지 판단할 수 있을 정도의 확실성은 충분히 갖고 있다. 우리는 우리의 의견이 자신의 행동을 이끌어주는 진정한 지표라고 생각해야 한다. 잘못된 의견을 퍼트려 사회에 악영향을 끼치려는 불한당을 막아야 한다고 확신하는 것처럼, 자신에 대해서도 그 정도의 확신은 가질 수 있다는 것을 믿어야 한다.

어떤 의견에 대해 반박할 기회가 주어졌을 때 더는 반박의 여지를 찾지 못하여 진리로 가정하는 것과 그런 반박을 허용하지 않기 위해 처음부터 진리라고 가정하는 것은 완전히 다르다. 의견에 반박하고 틀렸음을 입증할 자유가 완전히 보장된다면 우리는 그 의견을 진리로 가정하고 행동할 수 있다. 그것이 바로 행동의 정당성을 높이는 조건이다. 그렇게만 하면 우리의 의견은 인간의 능력이 허용하는 범위 내에서 최대한 입증되고, 최고의 확실성을 담보할 수 있다.

인간은 자신의 실수를 바로잡는다

인간이 살아가면서 일상적으로 하는 생각이나 행동의 역사를 살펴봤을 때 그것들이 더 나빠지지 않고 지금 수준에서 유지된 이유는 무엇일까? 인간이 선천적으로 똑똑해서 그런 것은 아니다. 왜냐하면 옳고 그름이 분명하지 않은 문제에 대해서 100명 중 단 1명에게만 그 문제를 판단할 능력이 있을 뿐 나머지 99명에게는 그런 능력이 없기 때문이다. 1명이 갖추고 있는 능력 또한 완벽하지 않다. 단지 제대로 판단하는 빈도가 높다는 의미다.

과거 세대에서 탁월하다고 평가받는 인물 중 대다수가 오늘날에는 틀렸다는 평가를 받는, 이런 상황이 계속 반복되기 때문에 그런 사실을 잘 알 수 있다.

그런데도 인류가 대체로 이성적으로 생각하고 행동하게 된 이유는 무엇일까? 인간의 삶이 절망적인 상태에 빠져 있던 시기를 제외한다면, 인류는 언제나 그래왔는데 이것은 인간 지성의 특성 덕분이다. 이 특성은 지적 존재로서든 도덕적 존재로서든 인간에게서 찾을 수 있는 모든 존중할 만한 것의 근원이다. 바로 자기 잘못을 수정할 수 있는 특성이다.

인간은 토론과 경험을 통해 자기 실수를 바로잡을 수 있다. 단순히 경험만으로는 불가능하다. 경험을 올바르게 해석하려면 반드시 토론을 거쳐야 한다. 잘못된 의견과 관행은 사실과 논거에 직면하여 점차 밀려난다. 그러나 그 사실과 논거가 인간의 지성에 영향을 주기 위해서는 그 지성 앞에 호출돼야 한다. 사실들 자체가 그 의미를 분명하게 드러내는 경우는 거의 없다. 그러기 위해서는 인간의 토론과 판단이 필요하다.

토론의 힘

인간의 판단이 지니는 모든 힘과 가치는 그 판단이 잘못됐을 때 올바른 방향으로 바로잡을 수 있다는 데 달려 있다. 다시 말해 잘못된 판단을 바로잡기 위한 수단이 언제나 마련되어 있어야 인간의 판단에 대한 신뢰가 생겨난다.

어떤 사람의 판단이 전적으로 옳다고 느껴질 때 그것은 무엇을 근거로 하는 것일까? 그 사람이 자신의 의견과 행동에 대한 타인의 비판에 마음을 열어두고 있기 때문이다. 자신에게 반대하는 말에도 전부 귀를 기울이는 습관을 들였기 때문이다. 옳은 의견은 그것대로 유익한 점을 취하고, 옳지 않은 의견일지라도 그 오류를 자기 자신과 그 사람에게 자세히 설명하면서 또 이득을 볼 수 있다.

인간이 어떤 주제에 대해 전체적으로 알 수 있으려면 다양한 개성을 지닌 사람들의 의견을 경청하고 그들의 시각에서 살펴보는 방법이 유일하다. 이 방법이 아니고서는 그 어떤 현자도 지혜를 얻지 못한다. 인간 지성의 본질을 생각할 때 다른 방법으로는 현명해질 수 없다. 타인의 의견과 나의 의견을 비교하고 수정하는 과정을 거쳐야 완전한 의견을 만들어낼 수 있다는 것을 믿고, 이것을 그대로 실천에 옮겨서 습관화하는 것이 자기 의견에 대한 신뢰를 높이는 유일한 안정적인 토대다.

자기 의견에 제기될 수 있는 반박을 혹은 제기될 가능성이 분명한 반박만이라도 모조리 파악한 후에 반론과 난관을 반기며, 어떤 주제든 차단하지 않고서 모든 반대론자를 상대로 자기 의견을 올바르게 추구한다면, 이 과정을 겪지 않은 개인이나 집단보다 훨씬 현명한 판단을 내릴 수 있다.

최고의 진리에 도달하는 법

인류 중에서 가장 현명한 사람들, 즉 가장 신뢰할 수 있는 판단을 내리는 현자들일지라도 진정으로 인정받으려면 소수의 현자, 그리고 대중이라 불리는 다수의 어리석은 개인에게서 잡다한 검증을 받아야 한다.

교회 중에서도 가장 관용이 적은 로마 가톨릭교회조차 새롭게 성자를 시성하고자 할 때 '악마의 변호인'[10]이 발언할 권리를 허용하여 인내심을 가지고 그 반론을 경청한다. 가장 성스럽게 살았던 인물이라고 해도 악마가 그에 대해 반박하는 말을 전부 듣고서 그 타당성을 검토하는 과정이 끝날 때까지 그가 사후에 누리는 명예를 인정할 수 없다는 뜻이다. 아이작 뉴턴의 이론에도 무수한 이의가 제기되지 않았다면 인류는 지금처럼 그 이론이 진리임을 완전하게 확신할 수 없었을 것이다.

---

10 교회법을 제정하거나 시성을 할 때 그릇된 판단을 막기 위해 문제점을 찾는 역할을 하는 것을 말한다.

우리가 완전히 옳다고 믿는 것이라 해도 온 세상이 그 믿음의 근거를 끊임없이 증명하도록 만들어야 한다. 이런 검증의 기회가 주어지지 않든 주어졌지만 그 검증의 결과로 틀린 점이 드러나지 않든 우리는 여전히 그 확실성을 보장하지 못한다. 우리는 현재 인간의 이성이 허용하는 한계 안에서 최선을 다했을 뿐이므로 진리에 이를 수 있게 해주는 검증의 기회라면 어떤 것도 간과해서는 안 된다. 그런 기회가 열려 있다면 언젠가 인간의 지성이 더 높은 진리를 발견할 만한 수준으로 도약하여 진정한 진리를 깨우치는 날이 올 것이다.

그때까지는 이런 방법을 통해 지금의 자리에서 얻을 수 있는 최고의 진리를 추구하고 만족해야 한다. 이는 언제든 틀릴 가능성이 있는 인간이 그나마 얻을 수 있는 가장 높은 단계의 확실성이다. 바꿔 말하자면 이 정도의 확실성이라도 확보하려면 이 방법을 통해야 한다.

이상한 것은 사람들이 자유로운 토론의 타당성을 인정하면서도 그것을 '모든 분야에 무한정으로 도입하는 것'은 반대한다는 것이다. 어느 특정한 분야에서 이성을 인정하지 않는다면 사실상 모든 분야에서 이성을 인정하지 않는 것이나 다름없다는 점을 간과하는 처사이다. 또, '의심스러운' 모든 주제에 관해서는 자유로운 토론이 이루어져야 하고, 그 가운데 오고 가는 논의들이 틀릴 수도 있다는 것을 알면서도, 특정한 원리나 교리에 대해서는 그것이 '너무나 확실하기' 때문에, 즉 그것이 확실하다고 '자신들이 확신하기' 때문에 어떤 질문도 용납돼서는 안 된다고 여긴다.

반론할 기회가 주어졌을 때 그 확실성에 의문을 제기할 사람이 있는데도 그런 기회를 허용하지 않는 행위는 우리 자신 그리고 우리에게 동의하는 사람만이 그 명제의 확실성에 대해 판단할 자격이 있으며, 다른 사람들의 반론은 듣지 않고 판단하겠다는 것이다.

신념 없는 회의주의 시대의 사람들

사람들이 '신념이 결여된 채 회의주의로 인한 공포에 사로잡혀 있는' 현시대, 즉 자기 의견이 옳다고 확신하지는 못하지만 무엇인가 하나쯤 자신의 의견이 있지 않으면 어쩔 줄 몰라 하면서, 어떤 한 의견을 대중의 공격에서 보호해야 한다고 주장한다면 그것은 그 의견이 옳기 때문이 아니라 사회적으로 중요하기 때문이다.

어떤 신념들은 사회적 복리에 없어서는 안 될 정도로 중요한 것은 아니지만 대단히 유용하므로 정부가 사회의 다른 이익과 마찬가지로 보호해야 한다. 여론이 그 신념들을 지지한다면 그것이 정부의 의무로 부과된다. 정부가 그 신념을 바탕으로 자기 의견에 따라 행동해도 정당성을 얻으며, 그렇게 해야 한다는 주장이 있다. 여기에 반대하는 사람들에 대해서는 이런 유익한 신념을 약화하려 한다는 주장이 제기되면서 당연히 그런 나쁜 사람들을 억누르고 그들이 실행하려는 일을 금지하는 것은 잘못된 처사가 아니라는 발상도 퍼져 있다.

이런 사고방식에 따르면 토론을 제한할 때 어떤 주장의 진리 여부가 아니라 유용성을 따지게 된다. 유용성에 근거하면 절대적으로 옳은 판단만을 내려야 한다는 책임감에서 벗어날 수 있다. 그러나 여기에 자족하는 사람들은 또 다른 형태로 자신이 절대적으로 옳다고 상정하는 것임을 자각하지 못한다.

어떤 의견이 유용한지, 유용하지 않은지는 그 자체가 의견의 문제다. 논쟁의 여지가 있을수록 토론되어야 한다. 비난받는 의견을 제시한 사람에게 방어할 기회가 충분히 주어지지 않았는데 그 의견이 유해하다는 결정을 내리려면 알아두어야 할 것이 있다. 그 의견이 틀렸다는 결정을 내릴 때와 마찬가지로 모든 의견에 대해 절대적으로 옳은 판단만 하는 재판관이 필요하다는 것이다. 이단자가 자기 의견이 진리라고 주장하는 것은 금지되어야 하지만 그 의견의 유용함이나 무해함을 주장해도 좋다고 허락하는 것이 과연 마땅하겠는가?

어떤 의견이 진리라면 그것은 그 의견이 지닌 효용의 일부다. 어떤 명제를 믿는 것이 바람직한지 아닌지를 알고 싶을 때 그것이 진리인지 아닌지를 고려하지 않는 것이 가능할까? 나쁜 사람들이라면 몰라도 정상적인 사람들이 생각할 때 진리에 반하는 신념은 진정으로 유용할 수가 없다.

다른 사람들이 어떤 틀린 교리를 유용하다고 주장할 때 정상적인 사람들이 진리에 반하는 교리는 유용하지 않다는 원칙을 근거로 내세우지 않는 한 그것을 부정할 수 없을 것이고, 도리어 그것을 부정한다는 이유로 비난받게 되지 않을까?

일반적으로 옳다고 인정되는 의견을 따르는 사람들은 이 원칙의 모든 이점을 적극 활용한다. 그들은 효용의 문제를 옳고 그름의 문제와 분리할 수 있는 것으로 여기지 않는다. 오히려 그 반대인데, 자신들의 교리가 진리이므로 그에 대한 지식이나 믿음은 불가결한 것이 된다. 중요한 주장일수록 한쪽으로 치우쳐 다른 쪽은 도외시한 채 논쟁하면 그 주장이 얼마나 유용한지 공정하게 토론할 수 없다. 사실은 법이나 여론이 진리라고 보는 의견에 대한 이의 제기를 허용하지 않는 경우, 그 의견의 유용성을 부정하는 것도 용납하지 않는다. 기껏해야 그 의견이 절대적으로 필요하다거나 그 의견을 부정하는 것은 잘못이라는 지적만이 허용된다.

진리와 효용이라는 근거

우리가 스스로 판단하기에 잘못된 것이 확실하다고 여겨지는 의견들이라고 해도 아예 들어보지도 않으려 한다면, 그것은 큰 해악을 초래할 수 있다. 이에 대한 구체적인 사례를 들어서 논의를 진행해보는 것이 좋을 것이다. 진리와 효용이라는 두 가지 이유를 내세워 사상의 자유를 가장 심각하게 침해하는, 내가 도지히 동조할 수 없는 사례들이 있다.

우선 신이나 내세에 대한 믿음 혹은 일반적으로 받아들여지는 어떤 도덕 원칙이 비난의 대상이라고 가정해보자. 이에 대한 근거를 두고 싸움을 벌이면 이때 비난하는 사람은 자신이 처한 불공정한 입장 덕분에 큰 이득을 보게 된다. 왜냐하면 그 사람은 물론, 불공정한 이득을 취할 생각이 없는 사람들도 내심으로는 이런 질문을 던질 것이기 때문이다.

"당신은 이런 주장을 법의 보호 아래에 두어야 할지 충분히 확신하지 못하겠다는 것인가? 신의 존재를 믿는 것도 당신이 절대로 틀릴 수 없다는 전제를 고수하면서 확신하는 것 아닌가?"

하지만 나는 어떤 사람이 자기가 절대로 틀릴 수 없다고 전제하는 것은, 그 사람이 어떤 교리를 확실하다고 믿는 것과는 다르다고 생각한다. 그 교리가 옳다는 것을 자기가 결정해놓고 다른 사람들이 이의를 제기하는 것을 완전히 차단하고자 하는 태도를 취하는 것뿐이다. 내가 단호하게 확신하는 것에 대해서 사람들이 이의를 제기한다고 해도, 나는 거기에 대해 비난하거나 질책하지 않는다.

사람들이 어떤 의견을 거짓일 뿐만 아니라 치명적인 결과를 초래하고, 심지어—내가 정말 혐오하는 표현을 사용하자면—부도덕하며 불경하다고 주장했을 때 그것이 상당한 설득력이 있고 그들의 나라나 동시대 사람들의 일반적인 판단과

일치한다고 하더라도, 그 의견을 주장한 사람에게 변호할 기회조차 주지 않는다면 그것은 자신이 절대적으로 틀릴 수 없고 옳다는 것을 전제하는 것이다.

설령 그 의견이 비도덕적이거나 불경스럽다고 해서 그렇게 전제하는 태도가 덜 비난받을 만하고 덜 위험한 것은 아니다. 그런 태도는 모든 경우에서 가장 치명적인 악영향을 초래한다. 한 세대에서 엄청난 실수를 저지르면 후세대가 경악과 공포를 경험할 수밖에 없다. 인류의 역사를 살펴보면, 가장 훌륭한 사람들과 너무나 귀중한 원칙들을 말살시키는 데 법을 무기처럼 이용한 사례들을 찾을 수 있다.

그런 박해가 성공한 것은 통탄할 일이었지만 그 원칙들 가운데 일부는 살아남아서, 마치 조롱이라도 하듯 그 원칙들에 반대했던 사람들 그리고 그 원칙들에 대한 일반적인 해석에 반하여 이견을 지닌 사람들에게 똑같은 행위를 일삼는 근거로 이용됐다.

소크라테스와 예수 그리스도의 유죄

인류가 가장 자주 상기해온 역사적 사건 중 하나는, 소크라테스라는 사람이 당대의 사법 당국 및 여론과 충돌한 것이다. 소크라테스는 위대한 인물을 무수히 배출한 시대와 국가에서 태어났다. 소크라테스와 그가 살았던 시대를 속속들이 잘 아는 사람들은 그가 당대 최고의 도덕적 인물이었다고 얘기한다. 우리는 소크라테스가 이후에 출현한 모든 현자의 선구자이자 원형으로, 특히 플라톤의 숭고한 영감과 아리스토텔레스의 분별력 있는 공리주의의 원천이 되어줬다는 사실을 알고 있다. 플라톤과 아리스토텔레스는 윤리학을 비롯해 다른 모든 철학의 기원이 되어준 두 거장으로서 '모든 지식인의 스승'으로 여겨진다.

소크라테스를 뒤이은 후대의 모든 저명한 사상가가 그를 스승으로 인정했다. 그의 명성은 2천 년이 지난 후에도 나날이 높아지고 있어서, 그가 나고 자란 도시국가를 빛낸 모든 사람의 명성을 합친 것을 능가한다. 아테네 사람들은 그런 소크라테스를 불경스럽고 부도덕하다는 이유로 고발하였고, 법정에서 유죄판결을 받은 그는 사형에 처해졌다.

이 도시국가에서 공인한 신을 부정했다는 죄목이었는데, 실제로 그를 고발한 사람은 그가 어떤 신도 믿지 않는다고 주장했다(《소크라테스의 변론》[11]을 참고하라). 또한 그가 자신의 철학과 가르침을 통해 부도덕하게도 '젊은이들을 타락시키는 죄'를 저질렀다는 것이었다. 이런 혐의들에 대해 법정은 성실하고 정직한 자세로 모든 믿을 만한 근거를 살펴본 후에 소크라테스에게 유죄를 선고했다. 그렇게 그때까지 태어난 모든 사람 중 가장 훌륭하다고 할 만한 최고의 인물이 범죄자가 되어 죽임당했다.

소크라테스의 죽음과 견줄 만한 또 하나의 부당한 사건으로 넘어가보자. 그것은 1800년 전 골고다 언덕에서 일어난 사건이었다. 그의 일생과 언행을 옆에서 직접 지켜본 사람들의 기억 속에 고결한 도덕성으로 강렬한 인상을 남겼던 그 사람,

---

[11] 《소크라테스의 변론(Apologia)》는 소크라테스가 처형된 후에 플라톤이 쓴 책으로 소크라테스가 법정에 섰을 때 행한 변론을 재현한 형태로 이루어져 있다. 1부는 최초의 변론, 2부는 유죄선고 이후의 변론, 3부는 사형선고 이후의 변론으로 총 3부로 구성되어 있다. 살려달라고 애걸하지 않고 당당한 태도로 자신의 소신을 지키며 사회적이고 윤리적인 문제점을 토론한 소크라테스의 위대함이 돋보이는 책이다.

이후 18세기 동안 사람으로 태어난 전능자로 추앙받아온 그 인물, 예수 그리스도는 신성모독죄를 범했다는 이유로 사형에 처해졌다. 사람들은 자신들에게 은총을 베푼 그의 정체를 실제와 정확히 반대로 오해하고 죄인으로 취급했다. 그들이 그렇게 한 것이야말로 불경한 죄 그 자체였음에도 도리어 그에게 죄를 물었다.

이런 한탄스러운 일들, 특히 두 사건 중 후자의 경우를 지금 돌아보면 인류가 비운의 원고들에 대해 얼마나 부당한 판단을 내렸는지 절감하게 된다. 그들을 죽음으로 내몬 당대의 사람들은 악인이 아니었다. 오히려 그 반대였다. 그들의 종교적 윤리와 도덕적 정서는 그 시대에 가능했던 최고의 수준, 또는 그 이상의 수준에 도달해 있었다. 우리 시대를 포함한 모든 시대의 기준에 비추어보아도 자애로운 성품으로 존경받으면서 살아갈 수 있는 사람들이었다.

예수가 법정에서 한 말을 듣고 대제사장이 분개하여 자기 의복을 갈기갈기 찢은 것은, 그것이 그 나라의 통념상 가장 사악한 범죄였기 때문이다. 오늘날 경건하다고 존경받는 사람들도 자신들의 종교적 윤리와 도덕적 정서가 훼손되는 말을 들었을 때 그런 반응을 보일 것이다. 그들 중 대다수가 지금은 대제사장의 행동에 몸서리를 치더라도 만약 그 시대에 살았다면, 그리고 유대인으로 태어났다면 그들도 분명 대제사장과 똑같이 행동했을 것이다. 정통 기독교인들은 최초의 순교자를 돌로 쳐서 죽음으로 몰아간 이들을 분명히 그들 자신보다 더 나쁜 사람들이었으리라고 생각하고 싶겠지만 그 박해자 중 한 사람이 사도 바울이라는 사실을 기억해야 할 것이다.

마르쿠스 아우렐리우스와 기독교 사상

최고의 지성과 덕성을 갖춘 사람이 저지른 기가 막힌 오류라는 점에서, 모든 잘못 가운데 가장 주목할 만한 것으로 손꼽힐 사례를 한 가지 더 들어보겠다. 당대 최고의 권력자이자 가장 계몽적인 인물이라고 스스로 자부할 수 있는 사람이 있다면 바로 마르쿠스 아우렐리우스 황제[12]일 것이다. 그는 문명 세

---

12 마르쿠스 아우렐리우스는 로마제국의 제16대 황제로서 5현제 중 한 사람이자 스토아학파를 따르던 철학자였다. 세상의 섭리를 받아들이고 겸허한 태도로 살아가는 삶을 추구했다. 저서로《명상록》이 있다.

게 전체를 지배한 절대군주였지만 일생 동안 오점을 찾아보기 힘들 정도로 정의로운 삶을 살았고, 스토아철학자에게 기대하기 힘든 자애로운 심성을 지니고 있었다. 물론 약간의 허물은 있었으나 전부 너그럽게 넘어갈 만한 것이었다.

마르쿠스의 저술은 고대 지성이 윤리학에서 거둔 최고의 결실로, 그 내용이 예수의 가르침과 너무나 비슷하여 차이점을 가려내기 어려울 정도다. 기독교인이라는 단어를 교조적인 의미가 아닌 실질적인 의미에서 정의했을 때 이후에 기독교인으로서 통치를 펼쳤던 로마의 그 어떤 황제보다 훨씬 더 진정한 기독교인에 걸맞다고 말할 수 있는데, 그런 그가 기독교를 박해했다.

마르쿠스는 어디에도 얽매이지 않는 열린 지성을 통해서 그때까지 인류가 이룩한 성취의 최정상에 서 있었다. 그의 훌륭한 인품이 드러나는 저술들에서 기독교적인 이상을 발견할 수 있었지만 그는 기독교가 이 세상에 악한 영향이 아니라 선한 영향을 준다는 점은 알지 못했다. 그가 황제로서 자기 의무에 너무나 투철했기 때문이다. 그는 당시 사회가 개탄을 금치 못할 상황이라는 것을 알았다. 그래도 사회가 그나마 더 나빠지지 않고 이 정도로 유지되는 것은, 사람들이 신을 믿고 공경

하는 마음 덕분이라는 것도 알았다. 아니, 안다고 생각했다.

그는 통치자로서 사회가 분열되어 무너지지 않도록 하는 것을 자기 의무라고 여겼다. 그러나 당대 사회를 결합하고 있는 고리를 제거하고 다른 고리를 통해 다시 하나로 묶을 수 있다는 것은 알지 못했다. 따라서 새 종교를 받아들이는 것이 그의 의무가 아니라면 그 종교를 박해하는 것이 그의 의무처럼 보였다. 당시에 기독교와 그 신성한 기원에 대한 신학은 그에게 진리처럼 여겨지지 않았다. 십자가에 못 박혀 죽었다는 신의 이상한 이력도, 그 하나의 토대에만 의존하여 지탱되는 신앙 체계도 도무지 믿을 만하지 않았다. 그 때문에 오랜 세월 동안 기독교가 모든 박해를 겪으면서 증명해왔는데도 그 종교가 사회를 혁신할 수 있을 것이라고는 예상하지 못했다.

결국 모든 철학자와 통치자 중에서도 가장 온화하고 너그러웠던 그가 황제로서 행해야 할 의무에 따라 기독교를 박해하기로 결정했다. 나는 이 결정이 인류 역사상 가장 비극적인 일이 아닐까 생각한다. 세상이 보여줄 수 있는 다른 모습, 콘스탄티누스 대제[13] 대신에 마르쿠스가 기독교 신앙을 제국의 종교로 공인했다면 인류 역사는 완전히 다른 방향으로 전개되었을 수도 있기 때문에 큰 안타까움이 남는다.

당시 마르쿠스에게 기독교를 전파하는 것을 처벌해야 한다는 주장과 동시에 반기독교적인 가르침을 전파하지 못하도록 처벌해야 한다는 주장도 제시되었을 것임을 부정한다면, 진실을 왜곡하는 일이 될 것이다. 기독교인은 무신론이 잘못된 것이고 사회를 분열시킨다고 믿어 의심치 않았다. 그러나 마르쿠스는 무신론이 아니라 기독교가 사회를 분열시킨다고 믿었다. 그런 믿음은 무신론에 대한 기독교인의 생각보다 훨씬 확고했다. 그는 당대에 살았던 모든 사람 중에서 기독교를 가장 깊이 이해할 수 있는 인물이었는데도 말이다.

결론적으로 의견을 공표하고 전파하는 것을 처벌하자는 데 동의하는 사람은 자기가 마르쿠스보다 현명한 인물로서 그보다 동시대의 지혜에 정통하고, 그의 지성을 능가하며, 그보다 더 열성적으로 진리를 탐색하고, 진심으로 그것에 헌신하는 마음을 가졌다고 자부할 수 없다면, 누군가 의견을 공표하고 전파하는 것을 처벌해야 한다고 주장해서는 안 된다.

---

13 콘스탄티누스 대제는 로마제국의 제47대 황제로, 313년 밀라노 칙령을 통해 공식적으로 기독교를 국교로 삼았다.

박해는 허용되는가

종교의 자유에 반대하는 사람들은 마르쿠스 아우렐리우스와 같은 방식으로는 사상을 억압하고 처벌하는 것이 불가능하다는 사실을 깨달았다. 때때로 그것이 강력한 반발을 불러일으키는 경우에는 그 결과를 받아들이기도 했다. 존슨 박사[14]처럼 기독교 박해는 옳은 일이고, 박해란 진리가 거쳐야 하는 시련이며, 법적 처벌은 사회의 해악들을 제거하는 데 효과적이기는 하나 진리 앞에서는 무력하기 때문에, 기독교가 진리라면 그 과정에서 언제나 승리를 거둘 것이라고 주장한다. 종교의 자유를 부정하는 불관용자들이 펼치는 이와 같은 논리는 그냥 넘어갈 수 없을 만큼 대단히 위험한 것이다.

아무리 박해해도 진리에는 어떤 해도 끼칠 수 없다는 이유로 진리를 박해하는 것을 정당하다고 주장하는 이론이 있다고 하더라도, 그 이론이 새로운 진리를 받아들이는 데 적대적인 의도를 갖고 있다고 보지는 않는다. 그러나 우리는 인류에 기여한 사람들을 박해한 일에 대해 관대함을 보이는 태도를 칭찬할 수 없다. 이 세계에 큰 이익을 가져오거나, 이전에는 몰랐던 것을 발견해내거나, 세속적 혹은 정신적 이해에 비추어 치명적인 잘못을 저질러왔음을 증명하는 것은 인간이 다른 사람들을 위해 할 수 있는 중요한 공헌이기 때문이다.

존슨 박사처럼 생각하는 사람들도 초창기 기독교인이나 종교개혁가와 마찬가지로 그것이 인류에게 줄 수 있는 가장 소중한 선물이라고 믿는다. 그토록 훌륭한 공헌을 한 사람들에

---

14 영국의 시인이자 평론가인 새뮤얼 존슨을 말한다. 가난한 환경 탓에 옥스퍼드 대학교를 중퇴했지만 영국 최초의 근대적 영어사전을 만들어 영문학 발전에 크게 이바지한 것으로 박사학위를 수여받았다. 대표적인 저서로는 《영국 시인전》이 있다. 종교적으로는 교회의 권위를 중요시하는 성공회 교도였다.

게 상으로 주어진 것은 죄질이 가장 나쁜 범죄자 취급이 전부일지라도, 그들은 자신들의 논리에 따라 그 비통한 실수와 불행에 대해서 상복을 입고 재를 뒤집어쓴 채 애통해할 일이 아니라, 정상적인 과정이 이루어진 것이라고 여긴다.

새로운 진리를 제시하는 사람은 로크리인이 법을 제정할 때의 관행처럼, 교수대의 밧줄에 자기 목을 건 채로 대중 앞에서 입법의 근거를 설명한 후에, 대중이 그 법을 채택하지 않는다면 그 밧줄에 의해 죽임을 당할 각오를 해야 한다는 것이다. 은인들을 이런 식으로 대접하는 사람들은 그들에게 받은 혜택을 소중하게 여기지 않는 것이다. 전에는 새로운 진리들을 간절히 바랐지만 지금은 그 진리들이 주는 혜택을 누릴 만큼 다 누렸다고 생각하는 그런 부류의 사람들인 것이다.

박해받은 진리의 향방

진리가 항상 박해를 넘어서서 승리한다는 말은 오랜 세월 동안 입에서 입으로 전해져 내려와 상식처럼 여겨지지만 인류의 모든 경험은 그것을 반박하고 있다. 역사 속에는 진리가 박해에 무너져 내린 사례가 숱하게 많다. 영원히 탄압하지는 못하더라도 수 세기 동안 어둠 속에 묻어둘 수는 있다.

종교개혁은 마르틴 루터 이전에 적어도 20번은 일어났다. 하지만 모두 진압당했다.[15] 심지어 마르틴 루터 시대 이후에도, 박해가 지속된 곳에서는 여지없이 성공했다. 스페인, 이탈리아, 플랑드르, 오스트리아 제국에서 개신교는 박멸되었다. 만약에 개신교를 박해하고 영국을 다시 가톨릭 국가로 되돌리려 한 메리 여왕이 살아 있고, 개신교를 허용하여 종교의 자유를 중시하고자 한 엘리자베스 여왕이 죽었다면 영국에서도 같은 일이 벌어졌을 것이다.

이단자들의 세력이 너무 강해서 박해해도 그 효과가 별로 없는 경우를 제외하면, 종교에 대한 탄압은 항상 성공했다. 이성을 지닌 사람이라면, 기독교가 로마제국에서 사라질 수도

---

15 브레시아의 아르날도는 이탈리아의 종교개혁기로, 청렴결백한 시도로서의 삶을 제시하고 급신적인 사상을 설파하다가 이단으로 몰려 화형당했다. 프라 돌치노는 사도 운동의 일환으로 무장투쟁을 벌이다가 처형당했다. 사보나롤라는 가톨릭교회에 개혁을 요구하고, 자신이 선지자라고 주장하다가 처형당했다. 알비파와 발도파는 성경을 근거로 한 삶을 제시했지만 이단으로 몰려 박해받았다. 롤라드파와 후스파는 종교개혁 운동을 벌이다가 이단으로 몰려 박해받았다.

있었다는 것을 부정하지 않을 것이다. 그런데도 기독교는 널리 전파되어 지배적인 세력을 형성했다. 그 이유는 박해가 오랜 간격을 두고 이따금씩 진행되어서 실제로 기독교를 전파하는 데에는 거의 방해가 되지 않았기 때문이다.

진리는 그 자체로 거짓은 지닐 수 없는 어떤 강력한 힘이 있어서 지하 감옥과 화형대 앞에서 무너지지 않는다는 생각은 공허할 뿐이다. 인간은 자주 진리보다 거짓에 더 열성을 보이는데 법적 처벌 혹은 사회적 처벌까지 동원하면 거짓이 전파되는 것을 어느 정도는 막을 수 있겠지만 진리도 전파되지 못할 것이다.

진리의 진정한 이점은 다음과 같다. 어떤 의견을 진리라고 가정했을 때 한두 번이 아니라 끊임없이 박해를 받고 묻혀버릴 수 있다. 그러나 시대가 바뀌면서 사람들이 자꾸만 그 진리를 재발견하면, 이후에 맞닥뜨리는 모든 박해에도 굴하지 않고 이겨낼 수 있는 힘을 쌓아간다.

우리는 이제 새로운 의견을 주장하는 사람들을 죽이지 않는다고들 말한다. 우리는 선지자들을 죽인 선조들과 다를뿐더러 오히려 그들의 무덤까지 건립해주고 있다는 것이다. 우리가 더 이상 이단자들을 처단하지 않는 것은 사실이다. 아무리 불쾌하고 추악한 의견이라고 해도 현대 정서상 관용되는 형벌로는 근절할 수 없다.

그러나 우리에게는 법의 이름을 빌려서 박해를 저지르는 관행이 남아 있다. 어떤 의견에 대한 처벌뿐만 아니라 그 의견을 표현하는 데 대한 처벌이 여전히 존재한다. 그것이 언젠가는 완전한 형태로 다시 도래할지도 모른다는 우려가 아예 근거 없는 이야기가 아닌 것이다.

신념에 대한 법적 억압

1857년, 잉글랜드 남서부에 있는 콘월 주의 여름 순회재판소에서 평생 평범하게 살아온 어느 남성이 운 나쁘게도 기독교를 비난하는 내용을 대문에 써붙였다는 죄목으로 21개월 징역형에 처해졌다.[16] 한 달이 채 지나지 않아 이번에는 올드 베일리에서 두 사람이 배심원 자격을 박탈당하는 일이 있었다.

---

16 1857년 7월 31일, 토머스 풀리가 보드민 순회재판소에서 받은 판결로, 그해 12월에 특별사면으로 풀려났다—저자의 원주.

그들은 모두 신앙이 없다고 솔직하게 밝혔을 뿐인데, 그중 한 사람은 판사와 변호인단에게 엄청난 모욕을 당했다.[17] 그리고 한 외국인이 도둑을 신고했다가 역시 신앙이 없다는 이유로 재판에서 기각당하는 일도 있었다. 신과 내세에 대한 믿음이 없는 사람은 법정에서 증언할 수 없다는 법규 때문이었다.[18]

이처럼 행동하는 사람들은 마치 법의 보호에서 자신을 배제해도 된다고 선언하는 것과 같았다. 심지어 무법자처럼 취급받아 그들이 강도나 폭행을 당해도 처벌할 수 없다. 다른 누군가가 강도나 폭행을 당하는 모습을 목격해도 그들밖에 증언해줄 사람이 없다면 역시 그 범죄자를 처벌하지 못한다. 신과 내세를 믿지 않는 사람의 증언이란 아무런 가치가 없다는 전제에 근거하는 것이다.

여기에 동의하는 사람들은 역사에 대한 무지를 드러내 보이는 것이다. 이 시기에 모든 시대를 통틀어 신앙은 없지만 고결한 인격으로 큰 존경을 받는 사람이 많이 배출됐다. 미덕과

---

17 1857년 8월에는 조지 제이컵 홀리오크가, 1857년 7월에는 에드워드 트루러브가 이러한 일을 겪었다—저자의 원주.
18 1857년 8월 4일, 글라이헨 남작이 말버러가 즉결법원에서 당한 일이다—저자의 원주.

업적 두 가지 측면에서 세계적인 명성을 누리는, 많은 위대한 인물에게 종교가 없었다는 점은 적어도 그들과 절친한 지인들에게는 잘 알려져 있었던 사실이다. 게다가 이런 법규는 자멸적이기 그지없으며 법의 기초 자체를 손상시킨다.

그 법규는 무신론자를 거짓말쟁이라고 상정하고서 자신이 유신론자라고 기꺼이 거짓말하는 무신론자의 증언도 인정하는 것이다. 그리고 그런 거짓말을 하느니 다른 사람들의 눈총을 받더라도 자기 신념을 공개적으로 밝히는 오명을 용감하게 쓰고자 하는 사람들의 증언은 무시한다. 지금까지 이 법규는 스스로 내세운 목적과는 모순된 길로 나아갔음을 보여줬고, 증오의 상징이자 박해의 잔해로만 남아 있을 뿐이다.

이상한 점은 이 법규에 따라 박해를 받을 행위들이 실제로 그럴 만하다고 분명하게 입증되지도 않았다는 것이다. 이런 법규와 그 토대가 되어주는 이론은 무신론자들보다 유신론자들에게 더욱 모욕적이다. 왜냐하면 신과 내세를 믿지 않는 사람들이 반드시 거짓말을 한다고 전제하는 것은, 반대로 신과 내세를 믿는 사람들이 단지 지옥에 갈까봐 두려워서 거짓말을 하지 못한다는 말이기 때문이다. 나는 이런 법규를 만들고 지지하는 사람들이 기독교의 덕목에 대해 지니고 있는 신념을 두고 그들 자신의 관점일 뿐이지 않을까 하는 말로 모욕하지는 않겠다.

사실 이런 것들은 과거에 행해졌던 박해가 남긴 잔재일 뿐이고, 박해하고자 하는 의도를 드러냈다고 볼 수는 없다. 영국인들은 더 이상 그 원리가 나쁘다는 것을 뻔히 알면서도 실행에 옮길 만큼 악하지 않지만 그런 원리로 기존의 원리를 지적하는 데서 기묘한 즐거움을 느끼는 습성은 남아 있다. 지난 한 세대 동안 법적인 박해는 중단되었지만 대중이 계속 현상태를 유지하고자 할지는 보장할 수 없다.

지금 시대에는 조용한 일상 속에서 새로운 혜택들을 도입하려는 시도와 더불어 과거의 해악들을 부활시키려는 시도가 동시에 일어나고 있다. 현시대에서 종교의 부활이라 자랑하는 것도 편협하고, 교양 없는 사람들의 시선에는 비합리적이고 광신적인 교리의 부활로 보일 뿐이다. 국민의 정서 속에 지속적으로 불관용이라는 누룩이 강력하게 작용하는 곳, 특히 이 나라의 중산층에는 언제나 그런 정서가 강한데, 그런 곳에 사는 사람들을 조금만 부추겨도 박해에 적극적이 된다.[19] 사람들은 자신들이 중요하게 여기는 믿음을 부정하는 자들에 대해서는 언제나 이와 같은 생각과 감정을 품고 있는데, 이 때문에 정신적 자유가 자리 잡지 못하는 것이다.

사회적 낙인

역사적으로 사람들이 법적으로 처벌받는 것을 두려워했던 이유 중 하나는, 개인에게 남는 사회적 낙인 때문이었다. 다른 여러 나라와 비교했을 때 영국에서 이러한 사회적 낙인의 파급력이 너무나 커서 법적 처벌을 받을 의견은 금기처럼 여겨지고 자유롭게 발언하기 어려웠다.

여론 또한 사람들을 입막음하는 데 법만큼이나 효과적이다. 잘못하면 투옥될 수도 있고 생계수단을 잃을 수도 있다. 금전

---

19 인도 용병 세포이가 일으킨 항쟁에 대처하는 동안 우리는 영국인의 습성 중에서 가장 나쁜 단면과 박해자의 열징을 목격했고, 그것은 모두에게 커다란 경종을 울렸다. 광신도들이나 서교대의 사기꾼들은 따로 주목할 가치도 없다. 복음주의 진영의 수뇌들이 힌두교와 이슬람교 정부를 겨냥해 공표한 방침에는 주목해야 한다. 그들은 성경을 가르치지 않는 학교에는 공적 자금을 지원하지 않을 것이며, 그에 따른 필연적 결과로써 진짜로 기독교인이거나 가짜로 기독교인인 척하는 사람 외에는 아무도 공공기관에서 일할 수 없다고 공표했다.

적으로 풍족하여 생계를 걱정할 필요가 없고, 권력자나 대중의 눈에 들 필요가 없는 사람들은 어떤 의견이든 공개적으로 발언하는 데 두려움이 없다. 자기 의견에 대한 다른 사람들의 비난을 감내하겠다는 영웅적인 각오가 필요한 것도 아니다. 따라서 그런 사람들을 동정하여 돕기 위해 나설 필요는 없다.

오늘날 우리는 자신과 다르게 생각하는 사람들에게 과거에 관습적으로 그랬듯이 악랄하게 굴지는 않는다. 하지만 우리

국무차관은 1857년 11월 12일 자기 유권자들 앞에서 이런 연설을 했다. "영국 정부는 그들의 신앙(1억 명에 달하는 영국 시민의 신앙), 그들이 종교라고 부르는 미신에 대해 관용을 베풀었지만 영국이라는 이름의 지배력을 낮추고 기독교가 이롭게 성장하지 못하는 결과를 맞닥뜨렸을 뿐입니다. 관용은 이 나라에서 종교의 자유를 누릴 수 있게 해주는 위대한 주춧돌입니다. 관용이라는 그 소중한 단어를 그들이 오용하게 내버려둬서는 안 됩니다."

그가 이해한 바에 따르면 관용은 모두에게 완전한 자유를 허용하는 것을 의미하는데, 그것은 곧 '같은 종교적 토대에 있는 기독교인들에게' 예배의 자유를 허용하는 것이었다. '한 중보자를 믿는 기독교'의 모든 분파와 교파에 대한 관용을 뜻하는 것이다. 자유주의 내각이라는 이 나라 정부에서 언젠가 고위직에 앉을 사람이, 예수 그리스도의 신성을 믿지 않는 사람은 모두 관용의 울타리 너머에 있는 것이라고 주장한다는 사실을 보라. 이렇게 바보 같은 상황이 벌어진 판국에 누군들 종교적 박해가 사라져서 다시는 일어나지 않을 것이라는 착각에 빠질 수 있을까—저자의 원주.

의 태도는 여전히 악랄하다. 소크라테스는 사형당했지만 소크라테스의 철학은 태양처럼 높이 솟아올라 모든 지성의 창공을 비추었다. 기독교인들은 사자 굴속에 내동댕이쳐졌지만 그 교리는 거대한 나무처럼 자라나서 다른 교리들을 자신의 그늘 아래 두고 있다.

사회적 불관용만으로는 아무도 죽이지 못하고 어떤 의견도 근절하지 못하지만 불관용 앞에서 사람들은 자기 의견을 위장하거나 자기 의견을 적극적으로 펼치기를 꺼린다. 영국에서는 이단적 사상이 10년 혹은 한 세대 내에 두드러지게 그 기반을 마련하거나 잃어버리는 일이 없다. 이단적 사상은 활활 타올라 널리 확산되지는 않는다. 또한 진리로든 아니면 현혹시키는 관점으로든 인류의 전반적인 문제에 빛을 던져준 적도 결코 없다. 그러나 그 사상을 탄생시키고, 숙고하고, 연구하는 사람들이 협소하게 이룬 집단 안에서 그 연기가 끊임없이 피어오른다.

어떤 사람들은 이런 상태가 유지되는 것을 아주 만족스럽게 여기는데, 불유쾌하게 벌금을 물거나 투옥당하는 일 없이 모든 의견을 방해받지 않고 입 밖으로 공표하여 세상에 널리 보급할 수 있기 때문이다. 병적인 생각으로 다수의 의견에 반대하는 사람들일지라도 그들이 이성으로 활용해 실천하는 것을 완전히 금지하지 못한다. 모든 사람의 의견을 나름대로 존중해주면서도, 모든 것이 기존 질서 안에서 잘 돌아가게 하는, 아주 평화롭고 편리한 계획인 셈이다.

    그러나 이런 식의 지적인 평화로움을 계속 유지하고자 한다면, 인간 정신의 도덕적인 용기를 전부 희생시키는 대가가 따른다. 가장 능동적이고 호기심 많은 지성인이 대부분 자기가 확신하는 독창적 원칙과 근거를 가슴속에 묻어두는 편이 바람직하다고 생각하는 나라에서는, 내면적으로 동의하지 못할지라도 대중이 수긍하는 결론을 그들 자신의 결론인 것처럼 말한다. 이런 나라에서는 한때 사상계를 수놓은 지성들처럼 열린 사고와 두려움을 모르는 기질로 자신의 의견을 표현했던 지성들이 배출될 수 없다.

    그런 나라에서 양성할 수 있는 부류는, 단순히 대세를 진부해진 상식에 영합하거나 진리를 좇는답시고 시간만 버리는 사람들뿐이다. 모든 중요한 주제에 대한 그들의 논쟁은 청중이 듣고 싶어 하는 내용일 뿐 자기 확신을 가진 사람들을 위한 것이 아니다. 이 두 부류 중 어느 편에도 속하지 않으려는 사람들은 자기 사고와 이해의 범위를, 원칙의 영역 안에서 모험을 무릅쓰지 않고도 말할 수 있는 문제, 즉 소소한 실용적 문제에 국한시킨다. 이것은 인간의 정신을 강화하고 확장하는 것, 또 인간의 삶에서 중요한 주제들에 대해 자유롭게 대담하게 고찰하는 것을 포기하는 것이다.

이단을 침묵시키는 것의 폐해

이단자들을 침묵시키는 일이 그다지 나쁘지 않다고 바라보는 사람들은 그렇게 되면 오히려 이단적인 의견에 대해서는 공정하고 철저하게 토론할 수 없다는 것을 알아야 한다. 그런 토론을 가로막고 이단적인 의견이 퍼져나가지 못하게 할지라도 그 의견은 사라지지 않는다. 정통적이지 않은 결론을 도출하는 탐구를 전부 금지하면 가장 큰 피해를 입는 쪽은 이단자들의 정신이 아니다. 가장 심각한 피해는 보통 사람들에게 돌아간다. 이단에 대한 공포로 이성이 위축되어 그들의 모든 정신적 발전이 저해되기 때문이다.

유망한 지성인이 자신의 의견이 불경하거나 비도덕적으로 보일까봐 어떤 생각의 나래도 펼치려 하지 않는다면 세상이 무엇을 잃게 될지 가늠할 수 있겠는가?

이따금 우리는 그런 사람 중에서 아주 섬세하고 세련된 지성을 갖춘 사람을 만나기도 한다. 그는 내면에서 차마 침묵시킬 수 없는 지성을 평생토록 정교하게 발전시키고, 그것을 정통적인 결론과 결합시키기 위해 자신이 지닌 모든 지적 자원을 소진해가면서 애를 써보지만 결국 성공하지 못한다.

사상가는 어떤 결론에 도달하든지 자기 지성을 따라야 하는 것이 첫 번째 의무이므로 이를 모르는 사람은 위대한 사상가가 될 수 없다. 진리란 적절한 연구와 준비를 바탕으로 스스로 생각하는 사람이 경험하는 시행착오를 통해 얻어지는 것이다. 기존의 정통적인 의견들만 고수해 진리만 말하는 사람에게서 얻어지는 것이 아니다.

하지만 위대한 사상가를 배출하기 위해서만 생각의 자유가 필요한 것은 아니다. 생각의 자유는 오히려 평범한 사람이 할 수 있는 한 최고로 정신적 발전을 이루는 데 더욱 불가결하게 필요하다. 정신적인 노예 상태에 있어도 위대한 사상가는 나티났고 앞으로도 그럴 것이다. 다만 그런 환경에서는 사람들이 결코 지적으로 활발한 적이 없었고, 앞으로도 그럴 것이다. 이단적인 사고를 하는 것에 대한 두려움이 사라졌을 시기에만 사람들의 지적 활동이 활발했다.

　원리들에 반론을 제기할 수 없다는 합의가 암묵적으로 이루어져 있는 곳, 인류에게 가장 중요한 문제들을 논하는 토론이 금지된 곳에서는 우리 역사의 한 단락을 아주 눈부시게 빛냈던 사회 전반에 걸친 높은 수준의 지적 활동이 일어나리라고 희망할 수 없다.

　사람들의 열정에 불을 지필 만큼 크고 중요한 문제에 대한

논쟁이 일어나야 인간의 지성은 그 토대부터 뒤흔들린다. 그래야 평범한 지적 능력 지닌 사람들에게도 사고하는 존재로서의 존엄을 찾고 싶은 충동이 생긴다. 종교개혁 직후에 유럽의 상황이 그와 같았다. 그 밖에 유럽 대륙의 교양 계층의 국한되기는 했지만 18세기 하반기에 일어난 사상 운동을 그 예로 들 수 있다.

세 번째로는 요한 볼프강 폰 괴테와 요한 고틀리브 피히테를 중심으로 독일의 지성이 꽃피우던 시기가 있다. 이 시기에 그들이 발전시킨 사상은 각각 독특하고 완전히 달랐지만 사상을 통제하던 권력의 굴레가 사라졌다는 점은 동일했다. 각각의 시기 동안 오랫동안 사회가 개인을 통제했던 낡은 사상적 억압 체제에서는 벗어났지만 그것을 새롭게 대체할 만한 체제는 아직 자리 잡지 못했다. 이 세 시기에 활발하게 생성됐던 충격과 그로 인한 변화들이 현재의 유럽을 만들었다. 지금 우리 사회에서 볼 수 있는 지성이나 제도적인 모든 발전은 이 시기 중 어느 한 시기에 일어났다. 그러나 이 세 시기의 파급력은 이제 거의 사라진 것처럼 보인다. 우리가 다시 정신적인 자유를 부르짖기 전까지 새로운 활력을 기대할 수 없다.

2. 억압하고자 하는 의견이 오류일 경우

억압하고자 하는 의견이 진리일 경우를 지나 이제 논증 두 번째 단계로 넘어가보도록 하겠다. 한 사회에서 일반적으로 통용되고 있는 그 어떤 의견도 잘못된 것일 수 있다는 전제를 버리고, 그 의견들을 진리라고 상정한 후 그 진리에 대해 자유롭게 토론하지 않으면 어떤 일이 벌어지는지 살펴보자. 자신의 의견이 틀릴 수 있다는 것을 결코 받아들이려 하지 않는 사람은, 설령 그 의견이 옳을지라도 자주 토론되지 않으면 살아 있는 진리가 아니라 죽은 신조에 불과해진다는 점을 분명히 기억해야 한다.

다행스럽게도 예전처럼 많은 수는 아니지만 아직도 사람들은 의견의 근거가 무엇인지도 모르고, 가장 피상적인 반론에도 제대로 대응하지 못하면서도, 자신이 진리라고 여기는 것에 의구심 없이 찬성하고 그것으로 충분하다고 생각한다. 그런 사람들은 권위자의 가르침을 토대로 삼아서 그 점에 의문을 제기하는 것이 아무 이익 없이 해롭기만 하다고 여긴다. 그들은 자기 영향력이 통하는 곳에서는 아무리 현명하고 신중한 반론일지라도 도무지 허용하려 들지 않는다.

그럼에도 그 의견을 그들은 성급하게, 그리고 무지막지하게 부정할지도 모른다. 토론을 완전히 차단하기란 불가능하고, 일단 토론이 시작되면 확신에 기반하지 않은 믿음은 허울뿐인 사소한 논거만 들이밀어도 곧바로 무너져 내린다. 마음속에 진리를 품어도 편견, 즉 그 진리가 주장하는 것과 상관없는 믿음에 기대거나 이런 가능성을 고려하지 않는 것은 이성적인 존재인 인간이 진리로 나아가는 방법이 아니다. 그렇게 받아들여진 진리는 미신일 뿐이므로, 진리에 대해 발음해주는 단어들이 우연히 조합된 것에 지나지 않는다.

인류는 자신의 지성과 판단력을 계발해야 하는 것이 마땅하다. 다른 무엇보다도 인류에게 가장 중요한 문제들에 대해 어떤 의견을 갖기 위해서는 그러한 능력들을 사용하는 것이 당연하지 않겠는가? 개신교인들은 이것을 부인하지 못할 것이다. 지성을 계발하는 데 가장 도움이 되는 것은, 자신이 지닌 의견에 대한 근거와 자신이 왜 그 의견을 지지하는지를 연구해서 밝히는 것이다. 사람들은 무엇을 믿든 자신이 옳다고 믿는 가장 중요한 주제에 대해서라면 적어도 일반적인 반론에 대응할 능력이 있어야 한다. 그러나 누군가는 이렇게 말할지도 모른다.

"지지하는 의견들의 근거가 무엇인지 그들에게 '가르쳐주자'. 반대 의견이 없다는 이유로 어떤 의견을 단지 앵무새처럼 따라야 한다는 것이 아니다. 기하학을 배우는 사람이라면 단순히 정리만 암기하는 것이 아니라 그 증명을 이해하고 배워야 한다. 기하학적 진리를 부정하고 그것이 틀렸음을 증명하려 시도했다는 이야기를 아무도 들어본 적 없으므로 그 근거에 대해서는 몰라도 된다고 말하는 것은 가당치도 않다."

수학처럼 정답이 하나인 주제에 대해서는 분명히 그렇게 가르쳐주는 것으로 충분하다. 수학적 진리의 증명에는 이상한 특성이 있는데, 모든 주장이 한쪽에 치우친다는 것이다. 거기에는 반론이 있을 수 없고, 반론에 대답할 필요도 없다. 그러나 다른 의견을 제시할 수 있는 주제에 관한 진리를 찾기 위해서는 두 가지 상충하는 이유 사이에서 균형을 잡아야 한다.

자연철학에서도 항상 같은 사실을 두고 다르게 설명하는 것을 보라. 천동설 대신 지동설을, 불에 타는 성분을 산소 대신 플로지스톤이라고 주장한 것처럼 말이다. 이런 경우에는 왜 그 다른 이론이 진리가 될 수 없는지 증명해야 한다. 이 점이 증명되기 전까지는, 또한 우리가 어떻게 증명됐는지 알기 전까지는 우리 의견의 근거를 알지 못하는 것이다.

하지만 시대를 막론하고 논의가 끊이지 않는 주제들, 이를테면 도덕, 종교, 정치, 사회, 이해관계, 삶 등을 다룰 때는 조금 다르다. 어떤 의견이 옳다는 것을 증명하고자 하는 논증의 4분의 3은 그 의견을 밑받침해주는 근거들을 반박하는 데 할애된다.

법적공방에서 승리하는 법

고대에 한 사람을 제외하고는 가장 위대한 웅변가였던 마르쿠스 툴리우스 키케로[20]는 자신의 주장뿐만 아니라 상대의 주장에 대해서도 똑같이 열정적으로 연구했다는 기록이 남아 있다. 그것이 키케로가 법정공방에서 승리하기 위한 수단으로 삼았던 방식인데, 어떤 주제든 진리에 도달하기 위해 연구하는 사람이라면 모두 본받아야 마땅하다.

어떤 문제에 대해 자기 관점으로만 아는 사람은 아는 것이

---

20 로마제국의 정치가이자 철학자. 정치, 철학, 웅변 등 다양한 분야에 많은 저작을 남기고 뛰어난 웅변술로 널리 이름을 알렸다.

별로 없는 것과 같다. 그가 제시한 논거들이 훌륭하고, 아무도 그 논거들을 반박할 수 없을지도 모른다. 그러나 반대편 논거에 대해 똑같이 반박할 수 없다면, 그 논거가 무엇인지 자세히 알지 못한다면, 어떤 의견이 타당한지 결정할 근거가 부족한 것이다. 이럴 때 이성적인 입장에서는 판단을 보류하지만 그러고 싶지 않다면 권위 있는 의견에 따르거나 보통 사람들처럼 마음이 가는 쪽으로 선택하게 된다.

반대편 주장도 자기 쪽 이론가들이 그 주장에 대해 언급하면서 그에 대한 논박으로 제시하는 의견을 들어보는 것만으로는 충분하지 않다. 공평한 방식도 아닐뿐더러 그렇게 해서는 반대편 주장을 제대로 이해할 수 없다. 실제로 반대편 주장을 믿는 사람들, 그 주장을 최선을 다해 옹호하는 사람들의 말을 들을 수 있어야 한다. 가장 타당하고 설득력이 높은 형태로 그 주장에 대해 알아야 한다. 다시 그 주제와 관련된 모든 관점을 하나하나 되짚어봐야 한다. 아니라면 그러한 어려움을 맞닥뜨렸을 때 제대로 해결하지 못할 것이고, 그러면 진리의 일부조차도 결코 자기 것으로 만들지 못할 것이다.

오늘날 지성인이라고 하는 사람들, 자기 의견과 그 근거에 대해 막힘없이 주장할 수 있는 사람들 100명 중 99명이 그러하다. 그들의 결론은 진리일지 모르나 그들이 아는 것은 전부 거짓일 수 있다. 그들은 자신과 다르게 생각하는 사람의 관점으로 바라본 적도, 그가 왜 그런 말을 하는지 고찰해본 적도 없으니, 엄밀하게 따지면 결과적으로 자신이 스스로 공표한 의견에 대해서도 잘 모르는 것이다.

의견 중 일부가 나머지를 설명해주고 정당화한다는 점을 알지 못한다. 상충되어 보이는 사실이 실제로는 서로 조화를 이루거나, 아니면 겉보기에는 둘 다 근거가 확실한 것 같아도 그중에서 한 가지가 더 우위에 있다는 점도 알지 못한다. 그들에게는 온전히 알고 있는 상태에서 판단을 내릴 때 기준이 되어주는 진리의 그 모든 부분이 매우 낯설기 때문이다. 진리는 편견을 버리고 양쪽 의견과 그 근거들을 살피는 데 똑같이 귀 기울여야만 얻을 수 있다. 이것은 도덕과 인간의 문제들을 진정으로 이해하는 데 꼭 필요한 과정이다. 따라서 모든 중요한 진리에 반대하는 사람이 하나도 없을 경우에는 허구로라도 만들어내서, 악마의 대변자처럼 가장 강력한 논거들을 제시하고 그 진리들을 반박하게 해야 한다.

자유 토론의 필요성

자유 토론을 반대하는 사람들은 이런 고찰의 과정을 비웃으면서, 보통 사람이 어떤 의견을 주장하려고 할 때 거기에 대해서 철학자와 신학자가 내놓을 수 있는 찬반양론을 모두 이해할 필요까지는 없다고 말할지도 모른다. 또, 평범한 사람에게는 영리한 상대방의 잘못된 주장이나 오류를 전부 드러낼 능력까지는 필요 없고, 그에 대해 답변해줄 사람이 늘 있어서 그들이 오도되지 않도록 하는 것만으로도 충분하다고 말할지도 모른다. 자신에게 주입된 진리에 대해 명백하게 드러난 근거만 배우고, 나머지에 대해서는 권위자들을 믿고서 따르면 된다는 것이다.

그들조차도 제기되는 모든 이의와 반론에 대해서 대처하거나 그것을 해결할 능력이 자신들에게는 없다는 점을 알고 있지만 이런 일에 전문적으로 훈련받은 사람들이 지금까지 해결해온 것처럼 앞으로도 그럴 수 있으리라고 확신한다.

새로운 진리를 받아들일 때에는 그 진리에 대한 확실한 근거를 전부 알아야 하는 것이 아니라 최소한의 근거만 알아도 된다는 이러한 주장을 그대로 숙지한다고 해도, 자유 토론의 필요성은 전혀 약화되지 않는다. 인간은 모든 반론에 대해 만족스러운 답변이 있었다는 이성적 확신을 지녀야 한다는 점을 그들조차 인정하기 때문이다.

답변을 요구받는 반론이 먼저 자유롭게 거론되지 않는다면 거기에 어떻게 답변하겠는가? 반론을 제기한 사람에게 그 답변이 불만족스럽다는 이야기를 할 기회를 주지 않는다면 그 답변이 만족스러운지 어떻게 알 수 있겠는가? 대중은 몰라도 최소한 그런 반론을 해결해야 하는 철학자와 신학자라면 가장 곤혹스러운 형태의 반론에도 익숙해져야 한다. 이것은 자유롭게 반론을 펼쳐도 불리해지지 않을 때야 이루어질 수 있는 일이다.

가톨릭교회는 그동안 자신들의 방식으로 이러한 문제에 대처해왔다. 사람들을 확신을 통해 교리를 받아들이게 할 부류와 믿음을 통해 교리를 받아들이게 할 부류로 나눈 것이다. 사실은 어느 쪽에도 무엇을 받아들일 것인지에 대한 선택권이 허락되지 않는다. 그러나 적어도 충분히 신뢰받을 수 있는 성직자는 빈대자들의 주장에 대응히려면 그들의 주장을 속속들이 알아야 하므로 이단 서적들도 읽을 수 있다.

평신도는 특별한 허락이 떨어지지 않는 한 그런 기회를 언을 수 없다. 이런 규율은 적을 제대로 아는 것이 가르치는 사람에게는 유익하다는 사실을 인정하지만 그 가르침을 받는 나머지 사람에게는 그 점을 부정하는 것이다. 이는 대중보다 엘리트 계층에 더 많은 정신적 문화를, 더 나아가서는 정신적 자유를 누릴 수 있게 해준 것이다. 이 장치를 통해 가톨릭교회는 자신이 목표한 대로 정신적인 우위를 확보하는 데 성공했다. 또, 한쪽으로는 자유가 없는 문화를 통해서 폭넓고 자유로운 지성이 등장하는 것을 막고, 다른 한쪽으로는 냉철한 이성에 입각하여 교리를 옹호하고 그 반론에 대해 반박할 수 있는 지성을 만들어냈다.

그러나 개신교를 받아들인 국가들에서는 이런 장치가 무용지물이었다. 개신교는 적어도 이론상 종교를 선택할 책임이 개개인에게 있어서, 그 문제를 가르치는 자들에게 떠넘길 수 없다고 말하기 때문이다. 게다가 오늘날에는 배우지 못한 사람들에게 책이나 글을 읽지 못하도록 하는 것이 불가능하다. 인류의 스승이라는 지위에 있는 사람들이 마땅히 알아야 하는 것을 모두 알 수 있으려면, 무엇이든 제약 없이 자유롭게 쓰고 출판할 수 있어야 한다.

자유 토론이 부재할 때

이미 받아들인 의견이 진리일 경우에도 그에 대해 자유롭게 토론하지 못한다면, 부작용이 따른다. 그 부작용이 단지 그 의견을 뒷받침하는 근거를 모르는 것에 불과하여 그 의견의 가치와 사람들의 인격과 성품에는 아무런 영향이 없고, 지성이라는 측면에서는 해악이 있어도 도덕이라는 측면에서는 나쁘지 않다고 말할 수도 있다. 하지만 사실은 그렇지 않다.

실제로 토론이 부재하면 그 의견 자체의 의미도 희미해진다. 의견을 전달하는 말에 어떤 의미도 담기지 못하거나 아주 적은 일부분만이 겨우 담길 뿐이다. 중요한 본질을 잃어버린 껍데기만 남는 것이다.

인류의 역사를 살펴보면 이런 일은 비일비재하기 때문에, 우리는 그런 사례들을 깊이 연구할 필요가 있다. 거의 모든 윤리적 가르침들과 종교적 교리들이 이런 경험을 한다. 원칙이든 교리든 처음 주창한 사람들과 그 창시자의 직계 제자들은 자기 원칙과 교리에 의미와 생기를 가득 불어넣는다. 다른 교리들보다 우위를 확보하려는 싸움이 계속되는 동안 그 의미는 더욱 풍성해진다. 마침내 그들의 교리는 널리 퍼져나가서 지배적인 의견으로 자리 잡거나 더는 발전하기를 멈추는 답보 단계에 들어선다. 그들의 교리가 확보해온 토대는 계속 유지되지만 더 확장되지는 못하는 것이다.

어느 쪽이든 이런 결말이 분명해지면 그들의 교리를 주제로 한 논쟁이 시들해지고 점차 사라지게 된다. 그들의 교리는 지배적인 교리로 인정받거나, 그러지 못한다면 공인된 분파로 자리를 잡는다. 그다음부터 그 교리를 믿는 사람들은 자기 선택을 통해서가 아니라 대대로 물려받는다.

한 교리를 믿으면 갑자기 개종하여 다른 교리로 갈아타는 법이 없는데, 그런 경우는 지금도 예외적이고 주창자들은 더더욱 그런 생각을 하기 어렵다. 하지만 더 이상 처음에 그랬던 것처럼 세상에 맞서 자신들을 변호하거나 세상이 그들의 편이 되도록 끊임없이 애쓰지 않는다. 대신에 잠자코 있으면서 자기 교리를 비판하는 주장들에는 귀를 막고—이건을 가진 사람이 있어도—자기 교리를 옹호하기 위해 그들과 굳이 성가시게 논쟁하려 들지 않는다. 바로 이때부터 교리의 생명력이 쇠락하는 것이다.

우리는 교리를 가르치는 스승들이 한탄하는 소리를 자주 듣는다. 추종자들이 명목상 인정하는 그 진리를 마음속 깊이 생생하게 이해하여 그 진리가 그들의 감정을 관통하고 그들의 행동까지 완전히 지배하도록 하기가 너무나 어렵다고 말이다. 교리가 가지를 잡기 위해 분투하는 와중에는 그런 불평이 잘 들리지 않는다. 세력이 미약하더라도 무엇을 위해 싸우는지, 자기 교리와 다른 교리들은 어떻게 다른지 치밀하게 가려낸다. 꽤 많은 사람이 모든 형태의 사상 속에도 자기가 믿는 교리의 근본적인 원리들이 있음을 깨닫고서 그 원리들을 다각도로 비교해 검토하고, 고찰하여 그 교리에 대한 신념이 인격에 전적으로 미치는 영향을 경험하게 된다.

그러나 마치 세습되듯이 능동적이 아니라 수동적으로 교리를 받아들이기 시작하면, 그 신념이 제시하는 문제들에 대해 더 이상 처음과 같은 정도로 중요하게 여기지 않는다. 숭고하던 신념이 점차 희미해지고 상투적인 형태밖에 남지 않아서 그저 둔감하고 무기력한 동의만 얻을 수 있을 뿐이다. 냉철한 지성을 통해서 깨닫거나 개인적인 경험을 통해서 확신하지 않는 사람들처럼 말이다. 그렇게 마침내 그 교리와 인간의 모든 내면적 삶 사이의 연결 고리가 끊어지는 지경에 이른다.

오늘날에는 그런 일이 너무 자주 일어나서 어쩔 수 없는 생리처럼 보인다. 세습된 교리는 정신의 외부에 자리하고서는 우리 본성 중에서 더욱 고상한 부분에 미칠 수 있는 다른 모든 영향을 차단하고자 정신을 석화시키는 역할로 전락해버렸다. 공허한 우리의 지성을 지키는 보초가 되어서 새롭게 태동하는 진리들이 우리의 지성을 채우는 데 장벽이 되고 있을 뿐이다.

변화된 신념

본질적으로 인간의 정신에 강력한 영향을 미칠 수 있는 교리들이 그렇게 하지 못하고 상상, 감정, 이해 속에서 인식되지 않은 채 죽은 신념이 되어버리기도 하는데, 이는 기독교 교리를 믿는 대다수의 신자가 보이는 태도에서 확연하게 알 수 있다. 여기서 말하는 교리는 모든 교회와 종파에서 인정하는 것, 즉 신약성경에 담긴 금언과 계율을 의미한다. 스스로 기독교인이라고 신앙고백을 한 사람은 모두 이를 신성하게 여기면서 법으로 받아들인다.

이런 법을 개인적 행동의 기준으로 삼는 기독교인이 천 명 중 한 명도 채 되지 않는다고 해도 너무 지나친 말이라고는 할 수 없을 것이다. 그들이 자신의 행동 기준으로 삼는 것은 그런 것이 아니라 자신이 속한 국가, 계급, 또는 종교 집단의 관습이다. 절대적으로 옳은 지혜가 자신에게 내려왔다고 믿고, 행동의 기준이 되는 윤리적 금언들을 간직하는 한편, 일상적으로 판단하고 실천할 때는 그런 금언들을 완전히 벗어나지는 않지만 어느 정도 거리를 둔다. 직접적으로 대립각도 세우면서 기독교 교리와 세속적인 삶 사이에서 타협점을 찾는다. 그들은 자신의 삶의 기준이 되는 이 두 가지 중에 전자에 경의를 표하지만 실제적으로는 후자에 충성한다.

기독교인들은 가난하고 겸손하며, 세상으로부터 천대를 받는 사람들이 복이 있다고 믿는다. 낙타가 바늘구멍을 통과하는 것이 부자가 천국에 들어가는 것보다 더 쉽다고 믿는다. 심판받지 않으려면 다른 사람을 심판해서는 안 된다고 믿는다. 함부로 맹세해서는 안 된다고 믿는다. 이웃을 내 몸처럼 사랑하고, 누군가가 겉옷을 가져가면 그 사람에게 속옷까지 건네야 한다고 믿는다. 내일을 걱정하지 말고 완전해지고 싶으면 자신이 가진 전부를 팔아서 가난한 사람에게 줘야 한다고 믿는다.

이러한 그들의 믿음은 거짓이 아니라 진심이다. 사람들은 어떤 것에 대해 논쟁의 여지 없이 항상 칭송하는 소리만 들으면 그것을 으레 믿게 되듯이 그들도 성경에서 말하는 규범들을 그런 식으로 믿는다. 하지만 그 규범들이 그들의 행동을 규제하여, 그들이 오직 그것에 따라 행동해야 한다는 점에서, 그들은 살아 있는 믿음을 지니고 있다고 말할 수 없다. 또, 그들에게 반론하는 사람들을 공격하거나 자신들이 칭찬할 만하다고 생각하는 사람들의 행동을 정당화하기 위한 근거로 그 규범을 사용한다. 그러나 그 규범들은 한 번도 생각해본 적

없는 행동도 무수히 실천하도록 요구하는데, 이를 일깨우는 사람은 남보다 더 잘난 체하는 인물로 여겨질 뿐 아무것도 얻지 못한다.

기독교의 평범한 신자들은 교리를 그렇게 중요하게 여기지 않기 때문에, 그들의 정신에도 별다른 위력을 발휘하지 못한다. 물론 그들에게는 올바른 교리를 따르고 존중하는 습관이 있지만 그것을 고스란히 자신의 삶 속에서 실천하고자 하는 마음까지는 없으며 단지 그 교리의 테두리 안에 머무를 뿐이다. 실제로 어떤 행동을 할 때에는 주변에 있는 신자들의 행동을 살펴보고 자신의 정도를 결정한다.

우리는 초기 기독교인들의 경우는 이것과는 확연히 달랐다고 단언할 수 있다. 그들도 그렇게 행동했다면 기독교는 로마제국의 국교가 아니라 멸시받았던 유대교의 이름 없는 한 교파로 사라졌을 것이다. 기독교를 박해한 사람들조차도 "기독교인들이 얼마나 서로 사랑하는지를 보라"고 말한 것을 보면, 이제는 아무도 이런 말을 하지 않을 테지만, 초기 기독교인들은 후대의 어떤 기독교인들보다도 신앙과 교리의 의미를 생생하게 느꼈을 것이다.

기독교가 그 교세를 더 넓히지 못하고, 1800년이 지난 뒤에도 여전히 유럽인과 그들의 후손에게만 국한되는 이유는, 초기 기독교인들이 보여주었던 그런 모습을 잃어버렸기 때문일 것이다. 심지어 일반적인 사람보다 교리에 한층 진심이고 거기에 엄청난 의미를 부여하면서 엄격하게 종교적인 생활을 하는 인물들조차 그들의 정신 속에서 어떤 일이 일어나는지 들여다보면, 비교적 능동적인 부분도 장 칼뱅이나 존 녹스 혹은 기질상 자신과 많이 닮은 사람들이 만들어낸 것이기 쉽다.

예수의 가르침은 그들이 수동적으로 받아들인 것이므로, 재미있고 기분 좋은 말을 들었을 때와 같은 효과만 있을 뿐이다. 한 교파를 특징짓는 교리들이 모든 기성 교파에 공통적으로 해당하는 교리들보다 훨씬 활력이 넘치는 데에는 의심할 여지 없이 많은 이유가 있다. 교리를 가르치는 사람들이 왜 두 가지 교리 중 후자의 의미를 생생하게 유지시키느라 더 고생하는지도 말이다.

그러나 한 가지 분명한 것은 전자의 특징적 교리에 대해서 더 많은 질문이 제기되고, 그 교리를 공개적으로 부정하는 사람들에 맞서서 더 자주 반론을 해야 한다는 점이다. 적군이 그 토론장에서 사라지면 가르치는 사람이나 배우는 사람이나 모두 더 이상 공부하지 않고 잠을 자게 될 것이다.

전통과 죽은 진리

일반적으로 말해서 모든 전통적 원칙과 교리, 즉 도덕이나 종교뿐만 아니라 삶에 관한 사리 분별과 지식에 대해서도 같은 일이 일어난다. 모든 언어와 문학이 삶이란 무엇인지, 어떻게 행동하며 살아야 하는지에 대한 총체적 관찰로 가득하다. 이 가운데 다수가 반복해서 말하거나 묵묵히 듣는 것이 진리로 받아들여지기도 한다. 하지만 사람은 고통스러운 경험을 통해서 진리의 진정한 의미를 깨우친다. 그렇게 그 진리는 비로소 진짜가 된다. 예상치 못한 불운이나 실망으로 아픔을 겪을 때 평소에 알고 있던 격언을 얼마나 자주 떠올리는가? 그 의미를 진작 깨닫고 삶 속에서 실천했다면 그와 같은 불행을 겪지 않아도 되었을 것이다.

이런 상황이 벌어지는 것은 토론의 부재 말고도 다른 이유가 있다. 세상에는 직접 경험하기 전까지 그 의미를 온전히 '인식할 수 없는' 진리가 많다. 하지만 평소에 진리의 의미를 탐구하고 이해하고 있는 사람들이 찬성과 반대로 나뉘어 토론하는 것을 자주 들을 수 있었다면, 진리의 진정한 의미를 그들의 지성에 더 깊이 각인할 수 있었을 것이다.

사람들은 더 이상 의구심이 들지 않는 일에 대해서는 생각하는 것을 멈추는 경향이 있는데, 그것이 바로 실수를 저지르는 원인이 된다. 우리 시대의 어느 작가는 이를 가리켜 '확정된 결론이 불러오는 깊은 잠'이라는 알맞은 표현을 했다. 어떤 사람들은 이렇게 반문할지도 모르겠다.

"진리를 깨닫기 위해서는 의견이 만장일치가 되어선 안 된다고? 누군가는 반드시 잘못된 생각을 고집해야 한다는 것인가? 어떤 신념은 보편적으로 인식되자마자 참진리로서의 의미를 상실하는 것인가? 그리고 어떤 명제에 대해 의구심이 제기돼야만 철저하게 이해하고 느끼는 것이 가능하다는 것인가? 인류가 어떤 진리를 만장일치로 받아들이는 순간, 그 진리는 사라지는 것인가? 우리는 지금까지 인류의 지성 향상이라는 가장 높은 목표이자 최선의 결과에 대해 다음과 같이 생각해왔다. 모든 중요한 진리를 점점 더 많은 사람이 인정하게 만드는 것 말이다. 그런데 지성은 그 목표를 달성하기 전까지만 유효하다는 것인가? 완전한 승리를 얻는 그 순간, 승리의 열매들도 사라지는 것인가?"

나는 그런 뜻으로 말한 것이 아니다. 인류가 진보하면서 더 이상 논쟁이나 의문을 불러일으키지 않는 이론이 지속적으로 늘어날 것이다. 인류의 안녕은 어쩌면 모든 논란이 잠잠해지는 시점에 도달한 진리의 수와 그 무게에 따라 측정되는 것일지도 모른다. 심각한 논쟁에서 하나의 질문이 다음 질문으로 이어지다가 결국 모든 질문이 멈추는 것은 의견을 공고히 하는 데 꼭 필요한 과정이다. 그 의견이 진리인 경우에는 그렇게 공고해지는 것이 유익한 일이지만, 진리가 아닌 경우에는 위험하고 유해한 일이다.

다양한 의견의 간극을 좁혀서 하나의 결론에 이르는 것은 반드시 필요한 과정이다. 하지만 그 결과가 무조건 인류에게 이로운 방향으로 작용할 것이라고 생각해서는 안 된다. 어떤 진리를 생생하게 이해하고 파악하는 데 반대자들에게 그 진리를 설명하거나, 아니면 그들의 주장에 반박하는 것만큼 도움이 되는 것도 없다. 그렇게 중요한 도움의 기회를 잃게 된다면, 보편적으로 인정된 진리를 통해 얻는 이익만큼이나 그로 인해 생기는 문제도 적지 않을 것이다.

이와 같은 과정을 거치지 않았을 때 인류의 스승들이 그 대안으로 어떤 방식을 취했는지 살펴볼 필요가 있다. 그것은 어떤 진리를 반대하는 자들을 상정하여, 그들로 하여금 그 진리의 온갖 난점을 제시하면서 설득해보도록 하는 것이었다.

소크라테스의 변증법

그러나 사람들은 가상의 반대자들을 상정하는 방식은커녕 인류의 스승들이 기존에 확립해놓았던 수단들까지 잃어버렸다. 이를테면 플라톤의 《대화편》에서 생생하게 그려져 있는 소크라테스의 변증법이 그런 수단이었다. 이 변증법은 본질적으로 인생과 철학에 관한 기존의 정설들을 반박하는 것으로 시작하는 토론이었다. 기존 의견을 그저 관습적으로 받아들인 사람에게 그가 그 주제를 이해하지 못한다는 점, 즉 그 자신이 무슨 주장을 하는지 그 정확한 의미도 아직 제대로 모른다는 점을 납득시키고, 자기 무지를 깨달은 그가 그 의미와 증거를 분명하게 이해한 바탕에서 견고한 신념을 갖도록 해주는 데 최고의 기법이었다.

중세 시대의 학교에서 행한 토론 수업도 이와 유사한 목표가 있었다. 학생들이 자기 의견과 그에 필수적으로 뒤따르는 반대 의견을 모두 이해하여, 자기 의견을 강화하고 반대 의견에 논박할 수 있도록 가르쳤다. 하지만 이런 토론 수업에는 치명적인 결점이 있었는데, 학생들이 주장한 명제가 자기 이성이 아니라 권위자에게서 나왔다는 점이다. 정신을 훈련시키는 방법으로써 중세 학교 토론은 모든 점에서 소크라테스학파의 지성을 형성시킨 강력한 변증법보다 형편없다는 점을 드러냈다.

이 두 가지 방식은 우리가 일반적으로 인정하는 것보다 근대 지성을 확립하는 데 훨씬 더 많은 기여를 했으나 현재 교육 방식은 중세 학교 토론이든 소크라테스의 변증법이든 미미한 수준으로라도 그 역할을 전혀 하지 못하고 있다. 스승이나 책을 통해 모든 지식을 얻은 사람은 주입식으로 지식을 얻으면서 자족하려는 유혹에 시달리는데, 설령 그 유혹에서는 벗어날 수 있을지라도 어떤 주제에 관한 찬반 의견을 모두 들어봐야겠다는 생각은 하지 못한다.

심지어 사상가들조차 찬반 의견을 다 아는 경우가 별로 없다. 사람들이 자기 의견을 다룰 때 가장 취약한 부분은 바로 상대방의 반론에 대응하는 것이다.

현시대에는 긍정적인 진리를 확립하지 않고 이론상 약점이나 실천상 오류만 지적하면서 부정적인 논리를 개진하는 것을 폄하하는 경향이 있다. 그 같은 부정적 논리가 궁극적인 결과에 기여하는 것은 정말로 조악하기 그지없다. 그러나 긍정적인 지식이나 그 이름값에 합당한 확신을 얻고자 하는 수단으로서라면 아주 바람직하다.

사람들이 부정적인 논리를 펴는 훈련을 다시 체계적으로 받지 않는다면 위대한 사상가가 나오기 힘들 것이고, 수학과 물리학을 제외한 모든 분야에서 인간의 평균 지적 능력은 떨어지게 될 것이다. 어떤 주제에 대해서 누군가의 의견이 지식으로 인식되려면, 그 의견에 반대하는 사람들과 활발하게 논쟁하는 정신적 과정을 겪어야 한다. 타인이 시작하든 자신이 시작하든 그런 논쟁을 거치지 않는다면 누구의 의견도 지식으로 인정받을 수 없다.

반드시 필요한 과정이지만 인위적으로 그렇게 만들기는 아주 어렵다. 그러니 그런 기회가 저절로 생겼을 때 놓쳐버린다면, 그보다 어처구니없는 일이 어디 있겠는가! 법이나 여론이 일반적으로 인정되는 통설에 대해 이의를 제기해도 된다고 허용하는 경우라도 실제로 그렇게 하는 사람이 드물기 때문에 우리는 이의를 제기해주는 사람들에게 감사하면서 그들의 말을 듣기 위해 마음을 열어야 한다. 우리의 확신에 확실성과 지속성을 부여하고자 한다면 우리 스스로 엄청난 수고를 들여서라도 그렇게 해야 마땅한데, 다른 사람이 우리를 위해서 그 일을 대신해준다면 더없이 기쁜 일이다.

3. 사회 통념과 그에 대한 반대 의견이 옳은 경우

현재로서는 먼 미래의 일처럼 보이기는 하지만, 인류의 지성이 아주 높은 수준으로 향상할 때까지는 다양한 의견 제시와 활발한 토론이 이루어지는 것이 유익하다. 우리는 지금까지 이러한 과정이 유익하다고 말하는 여러 이유 중에서 두 가지 경우만 살펴봤다. 하나는 기존의 정설이 틀리고 어떤 다른 의견이 옳을 가능성이 있는 경우, 다른 하나는 반대자들의 반론들을 통해서 기존의 정설이 옳다는 것을 더욱 명료하게 확인하고 그것을 우리의 지성 속에 더욱 깊이 각인하는 경우였다.

하지만 이 두 가지의 경우보다 더 흔한 경우가 있다. 두 이론이 상충할 때 한쪽이 진리이고 다른 쪽이 거짓인 경우가 아니라 두 이론 모두 부분적으로 진리를 포함하는 경우다. 이미 인정받은 통설도 진리의 일부분만 담고 있으므로 그 나머지 부분을 보완하는 데 통설에 반대하는 반론이 필요하다.

인간의 지각으로 명확하게 확인하기 힘든 주제인 경우, 여론이 진리가 되기도 하지만 그것이 완전한 진리 전체를 포함하는 일은 결코 좀처럼 없다. 여론은 진리의 일부분을 포함하고 있을 뿐으로 과장되고 왜곡될 가능성이 크다.

반론에는 일반적으로 억압받고 무시당하는 진리들이 담겨 있다. 기존 정설의 관점으로 볼 때 이단적인 의견들은 자기를 억눌러온 결박을 풀어내고서 통설에 담긴 진리와 화해를 모색하거나, 그 진리에 정면으로 맞서면서 통설과 유사하게 자신만이 완전한 진리라고 주장하고 나선다. 인간의 정신은 편파적이라 좀처럼 다각도로 살피려고 하지 않기 때문에 지금까지 후자의 상황이 더 자주 벌어졌다.

이런 이유로 사상 혁명이 일어나는 중에도 진리의 일부는 항상 그 진리의 다른 부분이 부상하면서 대체되기 시작한다. 심지어 진보라고 하면 마땅히 새로운 진리를 추가하는 것이어야 하는데, 보통은 하나의 부분적이고 불완전한 진리를 또 하나의 부분적이고 불완전한 진리로 대체하는 것에 불과하다. 개선도 주로 이런 식으로 이루어져 진리의 새로운 조각은 시대의 필요에 따라 요구되는 것이고, 그에 부응하도록 맞춰진다. 지배적인 의견이 올바른 근거를 두고 있어도 부분적인 진리만을 담고 있는 경우, 통설이 빠트린 진리의 일부분을 어느 정도 포함하고 있는 의견이라면 모두 소중하게 고려해야 마땅하다. 그것이 얼마나 많은 오류나 혼란을 일으키든 진리가 섞여 있다면 말이다.

삶의 여러 가지 문제를 바라볼 때 항상 냉철한 시선을 유지한다면 분개할 일은 없을 것이다. 우리가 간과했을 진리들에 주목하라고 강요한 사람들도 우리가 알고 있는 진리 중 몇 가지를 간과하기도 하기 때문이다. 따라서 하나의 진리가 대중적이고 일방적이라면, 그것과 다른 진리를 주장하는 사람들이 있는 편이 그렇지 않은 것보다 더 바람직하다. 다른 진리에서 한 조각의 지혜를 얻을 수도 있기 때문이다.

반대 의견에 담긴 진리

18세기에는 지성인들도, 그들을 따르는 평범한 사람들도 전부 문명이라 부르는 것, 즉 근대 과학, 문학, 철학에 감탄하느라 바빴다. 동시에 근대인과 고대인의 지적 차이에 대해 지나치게 과장하여 근대가 고대보다 전적으로 앞서 있다는 신념에 빠져 있었다. 장 자크 루소의 역설은 얼마나 유익한 충격을 줬던가. 마치 길 한복판에 던져진 폭탄처럼 일방적인 의견으로 똘똘 뭉친 사람들의 의견을 해체한 후 거기에 다른 요소들까지 추가하여 더 나은 형태로 재조합하도록 했다. 그렇다고 현재 의견이 루소의 의견보다 진리에서 더 멀어졌다는 의미는 아니다. 오히려 진리에 더 가까워졌다. 현재 의견은 확실한 진리를 더 많이 포함하며 오류도 상당히 줄어들었다.

루소의 이론과 여러 의견의 조합에는 대중이 원하는 바로 그 진리들도 포함되어 있다. 이것들은 그 홍수가 잦아든 뒤에 드러나는 퇴적물이다. 루소가 글을 쓴 이후로 단순한 삶이 얼마나 훌륭한 가치를 지니는지, 인위적인 사회의 구속과 위선은 얼마나 인류의 사기를 저하하고 도덕성 떨어뜨리는지가 교양 있는 지성인의 머릿속에서 완전히 떠난 적이 결코 없다. 그 효과는 시간이 지나면 나타날 테지만 지금 시대에 제대로 인식될 필요가 있다. 지금으로서는 이에 대한 논의와 그 효과를 기대할 수 없기 때문에 말뿐이 아니라 행동으로 보여주어야 한다.

정치 분야에서도 질서나 안정을 중시하는 정당과 진보나 개혁을 중시하는 정당이 공존하는 것이 건강한 정치 생태계를 이루는 데 필수적이다. 이 정당이든 저 정당이든 정신적인 역량을 키워서 무엇을 지키고 무엇을 버려야 할지 잘 구별하여 질서와 진보를 모두 포용하는 정당이 나타날 때까지 말이다. 이런 생각은 두 정당 모두가 결점을 지니고 있기 때문에 유용하지만, 각 정당이 모두 이성과 분별이라는 경계 안에 머물 수 있는 것은 상대 정당이 존재하는 덕분이다.

민주주의와 귀족주의, 재산과 평등, 협력과 경쟁, 사치와 금욕, 사회성과 개별성, 자유와 규율, 그 밖에 실질적인 삶 속에서 부딪치게 마련인 다른 모든 상반된 주장을 어느 쪽이든 동등하게 자유로이 표현할 수 없다면, 양쪽 주장 중 어느 것도 정당한 의견이 되지 못한다. 저울의 한쪽이 올라가면 다른 쪽은 내려가는 것이 이치다. 삶에서 실질적으로 중요한 진리는 서로 상충하는 의견들을 화해시키고 결합해야 하는 문제와 관련되어 있기 쉽다. 그래서 웬만큼 포용력 있고 공정한 마음을 지니지 않는 한 이런 문제에 올바르게 접근해 조화시키기란 극도로 어렵다. 적대적인 깃발 아래서 양쪽이 거칠게 치고받는 과정이 불가피하기 때문이다.

방금 거론한 중요한 문제들에 대한 두 의견 중 어느 쪽이든 다른 쪽보다 나은 주장이 될 수 있다. 단순히 용인할 만하다는 정도가 아니라 그 의견을 지지하고 장려할 만한 정도로 말이다. 그러나 그런 의견이라도 특정 시대와 장소에서는 소수의 의견이 될 수 있다. 그런 의견은 소외된 이익, 인간 복리의 허점을 일정 기간 대변한다.

영국에서는 대부분 이런 주제에 대해 어떤 다른 의견을 펼쳐도 불관용을 드러내며 억압하지 않는다는 것을 나도 알고 있다. 여러 사례가 명백하게 드러나고 증가하면서, 인간의 현재 지적 상태로는 다양한 의견을 통할 때만 진리의 모든 측면을 이해하기 위해 공정한 시합을 벌일 기회를 잡을 수 있다는 보편적 진리가 예증되고 있다. 주제가 무엇이든 세상 모든 사람이 동의하는데도 예외적으로 다른 의견을 주장하는 사람들이 일부 있다면, 설령 다수가 옳을지언정 그에 동의하지 않는 소수의 이야기에도 들어볼 가치가 있는 내용이 항상 포함되어 있다. 그들이 침묵하게 된다면 그 진리의 한 부분을 잃어버리고 말 것이다.

기독교 도덕

"일반적으로 받아들여지고 있는 정설들, 특히 가장 숭고하고 중요한 주제에 대한 정설들은 단지 진리의 일부만을 반영하고 있는 것이 아니라 그 이상이다. 이를테면 기독교 도덕은 그 주제에 대해서는 완전한 진리여서, 누군가가 그것에서 벗어난 도덕을 주장한다면 그는 진리의 일부를 반영하는 것이 아니라 전적으로 오류를 범하는 것이다."

어떤 사람들은 이처럼 말할 것이다. 이는 모든 경우 중에서 실질적으로 가장 중요한 문제이므로 이 주장을 검토해보는 것이 내가 이 글에서 제시한 명제를 검증하는 데 아주 적절할 것이다. 그러나 무엇이 기독교 도덕이고 무엇이 아닌지를 가려내기 전에, 기독교 도덕 자체가 무엇을 의미하는지부터 결정해야 한다. 기독교 도덕이 신약성경의 도덕을 의미한다면, 거기서 지식을 얻는 사람은 신약성경이 완전한 도덕률을 제시하기 위한 목적으로 선포됐다고 여길 수 있는지 의문이다. 신약성경이 말하는 도덕률은 항상 기존 도덕을 바탕으로 하여, 좀 더 광범위하고 수준 높은 도덕으로 수정하거나 대체할 필요가 있는 경우에만 자신의 고유한 규범과 계명을 제시한다.

게다가 복음서 자체가 가장 보편적인 용어로 표현되어 글자 그대로 해석하기 어려울 때가 많다. 법률적인 정확성보다 시나 웅변의 감동을 더 많이 갖추고 있기 때문이다. 복음서에서 윤리적인 교리를 도출하려면 구약성경을 토대로 보완부터 하지 않고서는 불가능하다. 비록 구약성경이 확실히 정교한 체계이긴 하지만 여러 측면에서 야만적이고, 오로지 야만적인 사람들을 위해 기록됐다고 해도 말이다.

사도 바울은 유대인의 방식으로 그 교리를 해석하여 그 관점으로 예수의 계획을 정리하려는 것에 공공연하게 반대했다. 그러나 그 자신도 마찬가지로 기존의 도덕, 즉 그리스와 로마의 도덕을 전제했다. 그가 기독교인들에게 한 조언의 상당 부분은 예수의 가르침을 그리스와 로마의 도덕에 맞춰서 수정한 것들이었다. 심지어 노예제를 인정하는 말도 했다. 기독교의 도덕이라 불리는 것은 오히려 신학적인 도덕이라고 지칭하는 것이 더 적합한데, 예수 그리스도나 열두 명의 사도가 남긴 업적이 아니라 한참 뒤에 나온 것으로 첫 5세기 동안 가톨릭교회가 점진적으로 구축했다.

현대인과 신교도는 그것을 전혀 수용하지 않았다고 하는데, 실제로 그들이 수정한 것은 생각보다 많지 않다. 중세 시대에는 각 종파가 자신의 특성과 성향에 맞게 각색하여 새로운 내용을 추가했는데, 그들은 그렇게 덧붙여진 내용들을 잘라내는 정도로 만족했다. 나는 인류가 이 도덕과 초기에 그것을 가르친 스승들에게 큰 빚을 지고 있다는 점을 부정하고 싶지 않다. 그러나 이 도덕은 많은 중요한 점에서 불완전하고 편파적이어서, 이 도덕이 금지한 사상과 정서가 유럽인의 삶과 그들의 기질을 형성하는 데 기여해오지 않았더라면 인간의 문제들은 지금보다 더 나쁜 조건에 처했을 것이라고 거리낌 없이 말할 수 있다.

기독교 도덕이란 모두 어떤 것에 대한 반발로 생겨난 것이 특징이다. 대개는 이단에 반대하는 것이다. 이 도덕이 지향하는 이상은 긍정적이기보다는 부정적이고, 적극적이기보다는 수동적이며, 고귀함보다는 결백함을 중시하고, 선을 열정적으로 추구하기보다 악을 멀리하는 것이다. 그 계율에도 누군가가 지적했듯이, '하지 말라'는 말이 '하라'는 말보다 지나치게 두드러진다. 음탕한 정욕에 대한 혐오로 금욕주의라는 우상을 만들었고, 이것은 서서히 율법주의 중 하나로 절충됐다.

기독교 도덕은 미덕을 실천하는 삶을 살도록 동기를 부여하고자 천국에 들어갈 수 있다는 희망과 지옥에 떨어질지도 모른다는 위협을 제시한다. 그 결과, 가장 훌륭한 고대인들에 훨씬 못 미치는 다른 사람들을 염두에 둘 뿐, 그렇지 않으면 다른 사람들의 이익을 위해서는 어떤 의무감도 느끼지 않는, 본질적으로 이기적인 성격을 띠게 됐다.

기독교 도덕은 근본적으로 수동적인 복종의 교리다. 모든 기성 권위에 복종하도록 주입한다. 권력자들이 종교가 금지하는 일을 명령할 때 적극적으로 복종해서는 안 되지만, 그렇다고 얼마간이라도 자신에게 손해가 된다는 이유로 저항을 해서도, 더더구나 반역을 일으켜서도 안 된다. 이단적인 국가 중에서도 최고의 국가들에서는 개인의 자유를 침해하면서까지 국가에 대한 의무를 강조하는 것을 도덕적인 행위로 여긴다. 하지만 순수 기독교 윤리에서는 그같이 대단한 의무를 거의 인식하지도, 인정하지도 않는다. 그런 의무는 신약성경이 아니라 코란에 있는데, 우리는 거기에서 이런 금언을 읽을 수 있다.

"통치자가 어떤 공직에 더 적합한 자격을 갖춘 사람이 자기 영토 안에 있는데도 다른 사람을 그 공직에 앉히는 것은 신에게도, 국가에도 죄를 짓는 것이다."

근대 도덕에서 공적인 의무를 조금이라도 인식한다면 그것은 그리스와 로마 덕분이지, 기독교 덕분은 아니다. 사적인 삶의 도덕에서 관대함, 고상함, 개인의 존엄, 심지어 명예까지도 종교적인 교육이 아니라 순수하게 인간적인 교육에서 비롯한다. 복종만을 유일한 가치로 인정하는 윤리 기준을 지닌 기독교에서는 그런 것이 결코 자라날 수 없다.

지금까지 나는 온갖 방식으로 인식되는 기독교 윤리에는

이런 결점이 필연적으로 내재될 수밖에 없고 또 기독교 윤리에 포함되어 있지 않지만 완전한 도덕 원칙이 되기 위해서는 갖춰야 할 필요조건도 보완할 수 없을 것이라고 말한 것은 아니다. 예수가 말한 교리와 계율에 그런 결점이 있다고 암시하는 것도 아니다.

나는 예수의 말씀만이 그의 의도를 정확하게 보여주는 증거라고 믿는다. 포괄적인 도덕률이 요구하는 것은 무엇이든 예수의 말과 양립할 수 있다고도 믿는다. 사람들이 무슨 행동이든 그 실제적인 지침을 예수의 말에서 찾으려고 시도하는 과정에서 왜곡됐을 뿐 그런 실수를 범하지 않는다면 윤리학에서 훌륭하게 여겨지는 규범은 전부 예수의 말을 토대로 이끌어낼 수 있음을 믿는다.

예수의 말이 오직 진리의 일부만을 담고 있으며, 그렇게 의도된 것을 믿는다고 해도 지금까지 말한 것과 일맥상통한다. 기독교 창시자의 가르침을 담은 기록에는 완전한 도덕률이 갖춰야 할 필수 요소가 많이 빠져 있고, 애초에 그것들을 제시할 의도도 없었다. 기독교가 그 가르침을 토대로 세운 윤리 체계에도 그 부분은 전적으로 배제되어 있다. 이런 까닭에 나는 우리가 지침으로 삼을 만큼 완전한 규칙을 기독교 교리에서 고집스레 찾아내려고 하는 것이 엄청난 실수라고 생각한다. 그 교리를 기록한 저자는 그 교리에 찬성하여 그대로 실행시키고자 했겠지만 단지 그 일부만을 제시했을 뿐이다.

그런 편협한 이론은 실제로 중대한 해악으로 작용하고 있는데, 지성인들이 고취하고자 애쓰는 도덕 훈련과 교육의 가치도 크게 떨어뜨린다고 나는 믿는다. 무엇보다도 인간의 정신과 감정을 배타적인 종교 유형을 토대로 형성해나가고자 시도하는 것이, 그래서 지금까지 기독교 윤리와 공존하면서 그 정신의 일부는 받아들이고 그에 영향도 미치며 보완하는 역할을 해온 세속적 기준들—이것을 지칭하기에 달리 더 좋은 표현이 없으므로—을 버리는 것이, 결국에는 저급하고 비굴하며 노예근성으로 굽실거리는 유형만 양산해낼까봐, 지금도 그런 결과가 나타나고 있어서 나는 그것이 많이 두렵다. 그런 사람들은 '최고 의지(Supreme will)'라고 여겨지는 것에는 복종할 수 있지만 '최고 선(Supreme goodness)'이라는 개념에 도달하거나 공감할 수는 없다.

나는 인류가 도덕적으로 갱생하기 위해서는 기독교를 근원으로 발달한 윤리 이외에 다른 윤리들도 기독교 윤리와 나란히 공존해야 한다고 믿는다. 인간의 지성이 불완전하므로 진리에 도달하기 위해서는 다양한 의견이 반드시 필요하다는 원칙에서 기독교의 진리 체계도 예외일 수 없다.

기독교에 포함되지 않은 도덕적 진리들을 인정한다고 해서 그것이 기독교에 담겨 있는 도덕적 진리들을 부정하는 것은 아니다. 그런 편견이 작용하거나 간과해버리면 악영향을 끼친다. 그러나 이런 일이 일어나지 않으리라고 항상 기대할 수는 없으므로 선을 위해 치러야 하는 대가 정도로 여겨야 한다. 진리의 일부분이 전체인 양 주장하는 데에는 분명 반대하는 것이 마땅하다.

이번에는 그렇게 반대하고 나서는 사람들이 다른 쪽과 똑같은 잘못을 저지른다면 이런 편파적인 일방성도 몹시 애석한 일이다. 하지만 이는 용인돼야 하는 일이다. 비기독교인이 편견 없이 기독교에 공정하도록 가르치고 싶다면 기독교인 스스로도 기독교를 믿지 않는 것에 대해 편견 없이 공정해야 한다. 학문의 역사를 어느 정도 알고 있는 사람이라면, 가장 고결하고 가치 있는 도덕적 가르침 대부분이 기독교 신앙에 대해 잘 모르거나, 잘 알면서도 배척한 사람들에게서 비롯했다는 사실을 알 것이다. 그 사실에 눈감아버리는 사람들이 있다면 진리를 추구한다고 할 수 없다.

진리들의 충돌에서 얻을 수 있는 유익

다양한 의견을 제시하고 그것에 대해 토론하는 자유가 허용된다고 해서, 종교적 혹은 철학적 파벌주의의 폐해가 완전히 사라질 것이라고 예측하지는 않는다. 인간이 제한된 능력으로 진리를 간절하게 추구하게 되면 세상에 다른 진리가 존재하지 않는 것처럼 혹은 아무것도 그것을 제약할 수 없는 것처럼 주장하고 설득하며 심지어 여러 방식으로 행동에 나서게 마련이다.

 토론의 자유만으로는 의견이 한쪽으로 치우치는 경향을 방지할 수 없다는 것을 나는 인정한다. 때에 따라서 그런 경향이 오히려 더 증폭되고 악화되기도 하는데, 서로를 반대하는 입장에서 비롯한 의견이라 더욱더 맹렬한 반대를 받기 때문이다. 그러나 이렇게 의견이 충돌하는 과정에서는 열렬한 편파적 신봉자가 아니라 침착하고 객관적으로 지켜보는 방관자가 유익한 효과를 취한다. 진리의 부분들이 서로 크게 충돌하는 것은 해악이 아니다. 진리의 절반을 조용히 억압하는 것이 오히려 해악으로 돌아온다.

 사람들이 억지로라도 양쪽 의견을 다 들어야 할 때는 항상 희망이 있다. 한쪽 의견에만 귀 기울이면 그 오류들이 편견으로 굳어지고, 진리 자체가 거짓으로 과장되면서 진리로서 그 효력을 잃게 된다. 어떤 문제가 있을 때 양쪽 의견을 살펴서 재판관처럼 지적으로 판단하는 역량은 아주 드문 정신적 자질이다. 어떤 주장을 하는 사람은 진리의 한 가지 면만을 대변하므로 진리의 모든 면을 담고 있는 각각의 의견을 전부 주장할 수 있고, 그런 주장을 경청할 수 없다면 우리가 진리에 도달할 가능성도 희박하다.

지금까지 우리는 어떤 의견이든 제약 없이 가질 수 있는 사상의 자유와 그 의견을 표현하고 토론할 수 있는 자유가 인류에게 얼마나 필요한 것들인지 네 가지 근거를 토대로 알아봤다. 그 내용을 간략히 정리해보자.

첫째, 어떤 의견이 침묵을 강요당한다고 해도 진리일 수 있다. 설령 우리가 그 의견에 대해 분명하게 모르더라도 말이다. 이를 부정하는 것은 우리 자신이 절대적으로 옳다고 전제하는 셈이다. 둘째, 침묵을 강요당한 의견이 틀린 것이라고 해도 진리의 일부를 포함하고 있을지 모르며 그런 일은 아주 흔하다. 어떤 주제든 일반적인 의견이나 지배적인 의견이 완전한 진리를 담고 있는 경우는 거의, 아니 결단코 없으므로 반대 의견들과 충돌해야 진리의 나머지 부분이 드러날 기회가 생긴다.

셋째, 기존 통설이 진리일 뿐만 아니라 완전한 진리를 담고 있어도 그에 대해 이의를 제기하는 토론이 벌어지지 않으면 그 의견을 받아들이는 사람은 대부분 그 진리의 이성적인 근거를 이해하지도, 느끼지도 못한 채 일종의 편견처럼 수용하게 된다. 넷째, 그 의견 자체의 의미가 사라지거나 약화하여 인간의 성격과 행동에 중요한 영향을 미치지 못하게 된다. 그런 신조는 아무런 효력 없이 단순히 형식적으로만 선을 위해 외치는 선언일 뿐, 이성이나 개인의 경험을 토대로 그 근거를 채우고 진정한 확신이 마음에서 우러나와 성장하지 못하도록 가로막는다.

사상의 자유를 끝마치기 전에 다음의 주장을 검토해볼 필요가 있다. 어떤 사람들은 모든 의견을 자유롭게 표현할 권리에 대해 절제된 상태로 온건하게 각자의 의견을 표현할 수 있는 공정한 토론의 경계에서 벗어나지 않는 한에서만 허용해야 한다고 말한다. 이른바 그 경계라는 것을 정하는 일이 불가능하다는 점에 대해서는 많은 이유를 들 수 있다.

사람들이 자기 의견을 공격당했을 때 반감을 갖는다고 한다면, 경험해봐서 알겠지만 그 공격이 효과적이고 강력할 때마다 이런 모욕을 느끼게 되고, 반대자가 해당 주제에 대해 격한 감정을 가지고 강하게 밀어붙이면서 답변조차 제대로 하기 어렵도록 만들면 무절제하게 폭주하는 사람처럼 여긴다. 그러나 이는 실질적인 관점에서 중요하게 고려할 사항이지만 한층 근본적인 결점과 함께 다루어져야 한다. 어떤 의견을 너무나 단정적으로 주장할 경우에는 그것이 진리라고 해도 아주 무례하게 여겨져 심각한 비난을 불러올 수 있다.

그렇지만 그런 종류의 공격을 주로 써도 대부분은 상대에게 확신을 심어주기가 불가능하다. 그 상대가 어쩌다 자기 배신이라도 한다면 모를까, 그런 공격 중 가장 심각한 경우는 궤변을 늘어놓거나, 사실을 은폐하거나, 사례의 여러 요소를 허위로 제시하거나, 상대 의견을 왜곡하는 것이다. 이런 것들을 모를 리가 없고 얼마든지 그렇게 하지 않을 수 있는 사람들, 다른 많은 면을 고려해도 의도적일 수밖에 없는 사람들이 이 모든 일을 너무나 악질적으로 그리고 지속적으로 저질러왔다. 그 때문에 그렇게 거짓으로 와전하는 행위를 도덕적 근거를 들어 나쁜 짓이라고 낙인찍는 일은 거의 불가능할 정도다. 더구나 이렇게 논란 많은 비행에 법이 개입하리라고도 생각할 수 없다.

무절제한 토론이란 욕설, 조롱, 인신공격 같은 것들이 난무하는 토론을 의미한다. 양쪽 모두에게 이런 것들을 공정하게 금지한다면 더 많은 공감을 받을 것이다. 그러나 이런 금지는 실제로 통설에 대해 반대하는 소수에게만 적용된다. 소수 의견을 공격하는 데는 암묵적으로 용인되어 심지어 의로운 분노를 터뜨렸다는 지지를 얻는다. 결론적으로 이런 비방은 방어력이 떨어지는 소수에게 가장 큰 피해를 준다. 그 같은 방식으로 의견을 제기하여 이득을 챙길 수 있다면 거의 언제나 통설이 그것의 주인이 된다.

논쟁에서 가장 최악의 공격은 반대 의견을 가진 사람들을 나쁘고 부도덕한 인물로 낙인찍는 것이다. 특히 소수 의견을 가진 사람들이 이런 비방을 당하기 쉬운데, 그들은 말 그대로 소수이고 영향력이 없으며, 누구도 그들이 정의를 구현하는 데 흥미가 없기 때문이다. 이 비방은 그 특성상 많은 이가 인정한 통설을 공격할 때는 효과가 없다. 이미 널리 받아들여진 통설에 반대하는 의견들은 세심하게 주장해야 한다. 불필요한 자극을 일으켜서는 안 되는데, 약간의 실수에도 그 토대까지 잃을 수 있다. 그렇게 해야만 겨우 한 사람이라도 들어준다.

반대로 지배적인 의견을 주장하는 쪽에서 폭력적인 언어를 마음껏 활용할 수 있으므로 반대 의견을 입 밖에 내지도, 듣지도 못하게 한다. 따라서 진리와 정의를 위해서는 다른 무엇보다 이런 폭력적인 언어를 삼가도록 하는 것이 훨씬 더 중요하다. 이를테면 종교와 무신론의 옳고 그름을 가리는 것보다 무신론을 공격하지 않도록 막는 것이 더욱더 시급하다. 하지만 법과 권력기관은 명백히 어느 쪽도 제약하지 않아야 한다.

또, 여론은 모든 경우에 대해 개별적인 판단을 내려야 한다. 논쟁의 어느 편에 서든지 간에 자기 의견을 표현할 때 솔직하지 못하거나, 적의에 차서 고집불통으로 자기주장만 앞세우거나, 타인의 감정을 불관용한다면 비난받아야 마땅하다.

어떤 사람이 자신과 반대 입장에 서 있을지라도 그것을 이유로 악덕하다고 치부해서는 안 되고, 자기 의견이 어떻든 반대자들의 진짜 의견을 차분하게 알아보고 그것이 무엇인지 정직하게 서술하는, 즉 반대자들에게 불리한 내용이라고 과장하지 않으며, 또 유리한 내용이라고 그 말을 바꾸지 않는 사람에게는 모두 그에 상응하는 영예가 주어져야 한다. 이것이 대중 토론의 진정한 도덕성이다. 도덕성을 위반하는 일이 종종 생기지만 대다수가 도덕성을 준수하고, 더 나아가 점점 더 많은 사람이 이것을 지키기 위해 양심적으로 분투한다고 생각하면 기뻐할 일이다.

제3장

행복한 삶을 위한
필수적인 요소

인간은 자신의 의견을 지니고 그것을 표현하는 데 아무런 제약을 받지 않고 자유로워야 한다. 이런 자유가 금지되거나 그러한 상황에 대해 자유를 주장할 수 없다면, 인간의 지성이 쇠락하는 치명적인 결과를 초래하고, 결국에는 도덕적인 본성에도 악영향을 끼친다. 앞에서 이와 같은 내용을 살펴본 것에 이어서 우리가 함께 논의해보아야 할 문제는 바로 이것이다. 인간이 자신의 행동으로 인한 모든 결과를 스스로 감수한다고 했을 때 그 의견과 행동이 아무런 제약 없이 자유로워도 되는가, 즉 다른 사람들의 물리적 혹은 도덕적 방해 없이 자신의 의견과 행동을 실행할 수 있는 자유가 인간에게 주어져야 마땅한가 하는 것이다. 여기에는 자신의 행동으로 인한 모든 결과를 스스로가 감수한다는 조건이 반드시 붙어야 한다.

 의견을 표현하는 것과 마찬가지로 행동하는 것에도 제약이 없어야 한다고 주장할 사람은 아무도 없을 것이다. 또한, 잘못된 행동을 적극적으로 선동하는 상황에서는 의견의 자유도 당연히 그 책임을 피할 수 없으므로 무한히 허용돼서는 안 된다. 예를 들어, 곡물상들이 가난한 사람을 굶주리게 만든다거나, 사유재산을 소유하는 것은 강도짓과 같다는 주장을 단순히 언론을 통해 유포하기만 했다면 이는 방해받을 수 없다. 그러나 곡물상의 집 앞에 흥분한 군중을 모아놓고 구두로 연설한다거나 현수막을 내걸어 선동했다면 마땅히 처벌을 받아야 한다.

 어떤 종류의 행동이든 정당한 이유 없이 타인에게 해가 되는 행동을 하면 비판적인 정서의 통제를 받을 수 있다. 사안이 중대하면 중대할수록 그런 통제가 반드시 요구되고, 필요하다면 강제적인 개입까지 있어야 한다. 개인의 자유에는 제한도 필요하다. 타인에게 해를 끼치는 행위는 있어서는 안 되기 때문이다.

 즉, 타인에게 해를 끼치지 않고 오직 자신과 관련된 것에 대해서는 자유롭다. 바꿔 말하자면, 개인이 자유롭게 의견을 가질 수 있어야 하는 것과 같은 이유로, 타인의 방해를 받지 않고 자기 책임 아래에 자기 의견에 따라 행동할 자유가 허용돼야 한다.

인간은 절대적으로 옳기만 한 존재가 아니다. 우리가 안다고 여기는 진리는 대부분 반쪽 진리에 불과하다. 반대 의견들까지 자유롭게 충분히 비교한 끝에 도출된 결과가 아니라면 완전한 진리일 수 없다. 인간이 지금보다 진리의 모든 면을 훨씬 잘 인식하게 될 때까지 다양성은 나쁜 것이 아니라 좋은 것이고, 이는 의견뿐만 아니라 인간의 행동 방식에도 적용할 수 있는 원리다.

인간이 불완전한 동안에는 서로 다른 의견들이 있어야 유익하듯이 삶에서도 서로 다른 실험들이 다채롭게 이루어져야 유익하다. 다른 사람에게 해를 끼치지 않는 한 다양한 개성을 자유롭게 추구할 수 있어야 한다. 누구든 그러고 싶다면, 서로 다른 삶의 방식이 지니는 가치를 실천적으로 입증해 보일 수 있어야 한다. 간단히 말해, 오직 자기 자신에 대해서는 개별성을 발휘할 수 있어야 하고, 그렇게 하는 것이 바람직하다. 개인 고유의 개성이 아니라 다른 사람들이 따르는 전통이나 관습이 행동 규칙으로 작용하는 곳에서는 인간의 행복을 이루는 데 필수적인 요소 중 하나이자, 개인과 사회의 발전에 아주 중요한 요소를 상실하게 된다.

이런 원리를 지키면서 맞닥뜨리게 되는 가장 큰 난관은 어떤 목표로 향하게 해주는 수단을 이해해야 하는 어려움이 아니라 사람들이 대체로 그 목표 자체에 무관심하다는 데 있다. 개별성을 자유롭게 발전시키는 것이 행복의 본질임을 깨닫는다면, 문명적인 모든 요소와 함께 조화를 이루면서, 그 모든 것의 토대가 행복이라는 것을 알 수 있을 것이다. 그리하면 자유를 평가절하할 위험은 없을 것이고 자유와 사회적 통제 사이의 균형을 유지하는 일도 가능할 것이다. 다만 일반적인 사고방식으로는 개인의 자발성이 어떤 본질적 가치를 지니는지, 그 자체로 얼마나 주목할 만한 것인지 인식하기 어렵다는 것이 문제다.

지금 시대의 사람들은 각자 살아가는 방식에 만족하고, 인류의 구성원으로서 모든 사람이 비슷한 생활방식을 따르는 것이 별 탈 없이 살아가는 방법이라고 생각하기 때문에, 이견을 제시하는 사람들을 이해하지 못한다. 게다가 도덕과 사회를 개혁하고자 하는 사람들조차도 개별성을 우리가 추구해야 할 이상적인 것으로 여기지 않고, 오히려 그들이 최선이라고 생각하는 것들을 상식으로 받아들이게 하는 데 크나큰 장애물로 판단하고 있다는 것이다.

개성의 중요성

"인간의 불확실하고 충동적인 욕망이 이끄는 것이 인간의 목표가 아니다. 이성이 행하는 영원한 명령으로 자신이 지닌 능력들을 최대한 끌어내어 완전하고 일관성 있는 하나의 전체로 조화롭게 발전시키는 데 인간의 목표가 있다."

학자이자 정치가로 유명한 빌헬름 폰 훔볼트의 이와 같은 주장에 대해서 제대로 이해한 사람은 독일 외의 국가에는 거의 없다고 봐도 무방하다. '모든 인간이 쉼 없이 노력을 기울여야 할' 목표, '특히 다른 사람들에게 영향력을 행사하고자 하는 사람이라면 반드시 기억해야 할' 목표는 '개별성에 따라 자기 능력을 발전시키는 것이다'. 이를 위해서는 '자유와 다양한 상황'이라는 두 가지 필요조건이 마련돼야 하며, 이 두 가지가 결합하여 '개인의 활력과 다양성'이 생겨나고, 다시 이 두 가지가

'독창성'으로 결합된다.[21]

하지만 사람들은 훔볼트의 주장에 그리 익숙하지 않아 개별성에 높은 가치를 부여하는 것이 놀라울 수 있다. 그럼에도 불구하고 이는 정도의 문제라고 생각해야 한다. 사람들이 서로 모방하여 행동하기만 한다고 훌륭하다고는 아무도 생각하지 않는다. 사람들이 자기 삶의 방식에, 그리고 자신이 관계하는 행동에 자기 판단과 개인 고유의 개성을 반영해서는 안 된다고 주장하는 사람은 찾아볼 수 없다. 반대로, 자신이 태어나기 전 세상에 대해서는 아무것도 모르는 것처럼 살아가야 한다고, 경험을 통해서는 어떤 존재 방식, 혹은 행동 방식이 더 나은지 전혀 알 수 없다고 주장하는 것도 터무니없다.

인간이 경험으로 확인해 축적한 결과를 알고 그 혜택을 누리려면 어린 시절에 충분히 배우고 훈련받아야 한다는 사실을 부정할 사람은 없다. 그러나 자신만의 방식으로 경험을 이용하고 해석하는 것은 자기 역량을 원숙하게 끌어올린 사람이 누릴 수 있는 특권이자 인간의 진정한 조건이다. 기록으로 남은 경험 중에서 어느 부분을 자신의 상황과 개성에 적용하는

---

21 빌헬름 폰 훔볼트, 《정부의 영역과 의무》, 11~13쪽.

것이 적절한지 찾는 것은 개인 각자의 몫이다.

전통과 관습은 과거의 경험에서 배운 것들 혹은 배웠다고 추정되는 것을 보여주는 증거로 존중할 만하다. 그러나 첫째로, 그들의 경험이 너무 협소하거나 그들이 자기 경험을 옳게 해석하지 못했을 수 있다. 둘째, 그들이 자기 경험을 옳게 해석했을지라도 다른 사람에게는 적합하지 않을 수 있다. 관습은 관습적인 상황과 성격을 위해 만들어진 산물이고, 개인의 상황이나 성격은 이런 관습에 맞지 않을 수 있다. 셋째, 관습이 훌륭하고 개인에게도 적합할지라도 '오직 관습이라는 이유로' 순응해버리면 인간이 지닌 능력을 발전시키지 못한다.

지각, 판단, 차별적인 감정, 정신적인 활동, 심지어 도덕적인 선호까지 인간의 역량은 선택을 통해서만 훈련된다. 관습이니까 그에 따르는 사람은 선택하지 않는다. 무엇이 최고인지 분간하는 훈련도, 그 최고를 욕망하는 훈련도 전혀 할 수 없는 것이다. 정신적·도덕적 힘은 근력과 마찬가지로 사용해야만 더욱 키울 수 있다. 그런 역량은 다른 사람이 하는 대로 따라 한다고 훈련되는 것이 아니다. 이는 다른 사람이 믿는다고 따라 믿는 것에 지나지 않는다.

어떤 의견의 토대를 구축하는 데 자기 이성을 결정적으로 발휘하지 않으면 그 이성은 강화될 수 없고 오히려 약화될 뿐이다. 다른 사람들의 감정이나 권리를 고려하지 않는 곳에서 어떤 행동을 강요받는다면, 그 사람은 적극성을 잃어버리고 무기력해진다.

세상, 곧 자신이 그 일부로 속해 있는 세상이 정해준 대로 인생을 계획하는 사람에게는 유인원처럼 모방하는 것 이상의 다른 역량이 필요하지 않다. 자기 계획을 스스로 세우면서 선택하는 사람은 자신이 지닌 역량들을 최대한 활용한다. 어떤 결정을 내리기 위해서 필요한 자료를 수집하고 분별력을 발휘하여 검토한다. 그 과정을 통해서 결정을 내린 뒤에는 자신의 신념을 지킨다.

사람이 행동할 때 자신의 판단과 감정에 따라 결정하는 부분이 얼마나 큰지가 관건인데, 그런 역량들은 정확히 그에 비례하고 요구되고 훈련된다. 이런 것들 없이도 좋은 길을 안내받고 나쁜 길을 피할 가능성도 있다.

그러나 인간으로서 무엇이 상대적으로 더 가치가 있을까? 인간에게는 무엇을 하느냐뿐만 아니라 그 일을 어떤 방식으로 하느냐도 정말로 중요하다. 인간의 삶을 진실로 완전하고 아름답게 만들어주는 일 중에서 당연히 첫 번째로 중요한 것은 인간 자체다. 기계, 즉 인간의 형태를 한 자동 장치가 대신 집을 짓고, 옥수수를 키우고, 전쟁에 나가 싸우고, 재판을 하고, 심지어 교회를 세울 수 있을지도 모른다. 그것이 가능한 좀 더 문명화된 세상에서 살아가게 될 인류가, 자연에서 태어난 가장 부족한 종이라고 할지라도, 자동 장치와 맞바꾼다는 것은 상당한 손실이 아닐 수 없다. 인간은 그 본성상 어떤 매뉴얼에 따라 만들어져 일관된 일을 하는 기계가 아니다. 자라나는 나무처럼 내면의 힘을 키우면서 그를 통해 사방으로 뻗어나가야 한다. 그 내면의 힘이 우리 모두를 살아 있는 존재로 만들어준다.

인간의 조건

사람이 자신의 지적 능력을 사용해서 판단한 근거들을 바탕으로 관습을 수용하기도 하고 거부하기도 하는 것이 맹목적이거나 단순히 기계적으로 추종하기보다는 훨씬 낫다는 사실을 인정할 것이다. 그러한 지적 능력이 우리 자신의 것이어야 한다는 사실도 어느 정도는 인정할 것이다. 그러나 우리의 욕망과 충동도 똑같이 우리 자신의 것이어야 한다는 점, 혹은 우리 자신의 충동을 갖는 것이, 그 충동이 어떤 영향력을 지닐지라도 아무튼 그저 위험한 덫이기만 하지는 않는다는 점은 기꺼이 인정하려 들지 않는다.

사실 욕망과 충동은 신념과 절제처럼 인간의 일부다. 강한 충동도 적절하게 균형을 잡지 못했을 때만, 즉 어떤 목표와 성향은 강한 힘으로 발전하고 있는데 그동안 그것들과 공존해야 하는 다른 목표와 성향은 미약한 상태로 정체해 있을 때만 위험하다. 인간이 나쁜 행동을 하는 것은 강한 충동과 욕망 때문이 아니라 그것을 제어하는 양심이 약하기 때문이다. 강한 충동과 약한 양심 사이에는 어떤 자연스러운 연관성도 없다. 연관성은 다른 방향에서 찾을 수 있다.

어떤 사람의 욕망과 감정이 다른 사람보다 더 강하고 다양하다는 것은 인간으로서의 자질을 더 풍부하게 지니고 있다는 뜻이다. 그것을 원동력으로 다른 사람들보다 나쁜 일을 더 많이 할 수도 있지만 분명히 좋은 일을 더 많이 할 수도 있다. 강한 충동은 에너지의 또 다른 이름일 뿐이다. 본성적으로 에너지가 넘치는 사람이 게으르고 아무 감정 없는 사람보다는 항상 좋은 일을 더 많이 한다.

자연 그대로 타고난 감정을 고스란히 가지고 있는 사람들은 그 감정들을 가장 강하게 일굴 수 있는 사람이다. 그 예민한 감수성 덕분에 개인의 충동이 선명하고 강력해질 뿐만 아니라 미덕을 열정적으로 사랑하면서 자신을 엄격하게 통제할 수 있게 된다. 사회는 이런 배양법을 통해 자기 의무를 다하고 자기 이익을 보호한다. 사회가 그런 영웅을 배출하는 데 적극적이어야 하는데, 만일 그렇지 않다면 사회가 그런 영웅이 탄생하는 과정을 제대로 알지 못하기 때문일 것이다.

자신만의 욕망과 충동을 가진 사람, 즉 자신이 타고난 본성을 표현하는 사람은 자기 문화 속에서 그 본성을 조화시키면서 가감했을지라도 개성을 가지고 있다고 말할 수 있다. 욕망과 충동이 없는 사람은 아무런 개성이 없는 증기 엔진과 같다. 자신만의 충동을 지닌 데다가 강인한 의지로 그 충동을 통제할 수 있기까지 한다면 그 사람은 무한한 동력의 개성을 가진 것이다. 욕망과 충동의 개별성을 펼치도록 장려해서는 안 된다고 생각하는 사람은 사회에는 그런 강한 본성이 필요하지 않고, 개성적인 사람이 많은 것도 그리 좋지 않으며, 평균적으로 높은 에너지도 바람직하지 않다고 주장해야 한다.

초창기 사회에서는 이런 힘들이 당시 사회가 규율하고 통제할 수 있는 힘을 훨씬 능가했을지 모르고, 실제로 그러하기도 했다. 자발성과 개별성이 과도해서 사회 원칙만으로 그것들과 씨름하기가 힘겨웠던 시절이 있다. 그때는 강인한 신체나 정신을 가진 사람들이 규칙에 복종하여 자기 충동을 제어하도록 하는 일이 문제였다. 교황이 황제와 힘을 겨뤘듯이 사회도 이런 어려움을 극복하기 위해 법과 규율을 내세워 전인적으로 권력을 행사했다. 개인의 개성을 통제하려면 개인의 일생 전체를 통제해야 한다는 것이었다.

당시 사회는 사람들을 하나로 단합할 수 있는 수단이 달리 없었다. 그러나 이제 사회는 개별성을 압도하게 됐고, 개인이 지닌 충동과 선호의 과잉 때문이 아니라 오히려 결핍 때문에 인간의 본성이 위협받고 있다.

인간의 본성에 적합한 것

과거에는 사회적 지위가 높거나 개인적인 자질이 뛰어난 사람들이 상습적으로 법과 명령에 저항하는 데 자기 열정을 쏟아

부은 나머지, 최소한의 안전이나마 누리려면 그들을 법과 명령의 쇠사슬로 철통같이 묶어놓아야 했다. 그 이후에 상황이 엄청나게 변했다. 우리 시대에는 가장 높은 계급부터 가장 낮은 계급까지 모든 사람이 무서운 적대적 검열의 눈초리 속에서 살아간다.

더 이상 타인과 관련된 일뿐만 아니라 개인적인 일이든 가족의 일이든 어쨌든 자신에게만 관계된 일에서도 스스로에게 질문하지 않는다. 나는 무엇을 더 좋아하는가, 무엇이 나의 개성과 기질에 적합한가, 공정함을 지키기 위해서는 어떤 능력을 최대치로 끌어올려야 하는가, 그 능력을 어떻게 발전시킬 수 있는가. 이 질문들 대신에 이렇게 자문한다. 내 위치에 어울리는 것은 무엇인가, 나의 지위와 금전적 형편이 비슷한 사람들은 보통 무슨 일을 하고 있는가, 그 반대의 사람들은 무슨 일을 하고 있는가.

나는 그런 사람들이 자기 성향에 따른 선호를 우선적으로 고려하기보다 관습적으로 선택했다는 뜻으로 말하는 게 아니다. 관습적인 것을 제외하고 자기 성향이라는 것 자체를 갖고 있지 않다. 정신적으로 굴종하는 상태인 것이다. 즐거움을 위해서 하는 일까지도 남들과 비교하고 대중의 의견을 살핀다.

특이한 취향, 기이한 행동은 범죄와 동급으로 기피된다.

자기 본성을 따르지 않으니 그들은 따를 본성조차 없다. 그들이 인간으로서 타고난 능력들도 시들어 죽고 굶주려 죽어 버린다. 그들은 어떤 소망도 강하게 품을 수 없고 어떤 원초적 쾌락도 즐길 수 없으며, 그들 안에서 자라난, 그들 자신만의 의견이나 감정이 없는 것이 보통이다. 이것이 과연 인간의 본성에 바람직할까?

칼뱅파의 이론에서는 이런 상태를 바람직하다고 간주한다. 이 이론에 따르면 인간이 저지를 수 있는 가장 큰 죄는 '자기 의지(Self-will)'를 따르는 것이다. 인간이 할 수 있는 모든 선한 일은 복종으로 표현된다. 인간에게는 선택권이 없으니 그저 자신에게 주어지는 대로 해야 한다. '의무가 아닌 행위는 전부 죄악이다.'

인간의 본성은 근본적으로 타락했기에 자기 안에 있는 인간의 본성을 죽이지 않는 한 누구도 구원받을 수 없다. 삶에 대해 이 이론을 고수하는 사람에게는 인간의 역량, 능력, 감수성을 박멸하는 것도 전혀 나쁜 일이 아니다. 인간에게는 신의 의지에 순종하는 능력 외에 다른 능력은 필요 없다. 그리고 신의 의지에 따라 행동하는 외에 다른 목적을 위해 자기 역량을

더 효과적으로 사용한다면 그런 역량은 없는 편이 낫다. 이것이 칼뱅주의다.

자신을 칼뱅주의자라고 생각하지 않는 많은 사람도 이 이론의 입장을 완화한 형태로 취하고 있다. 여기서 완화된 형태라는 것은 신의 뜻을 그렇게 금욕적으로 해석하지 않고, 인간이 자기 성향을 어느 정도는 추구해야 한다는 게 신의 의지라고 주장하는 것이다. 당연히 자신이 선호하는 방식대로 아무렇게나 행동해도 된다는 것은 아니다. 복종의 방식으로, 즉 권위자가 지시하는 방식으로, 그리고 모두에게 똑같이 적용되는 필수적 조건 아래에서만 그것을 허용한다.

　삶에 대한 이런 편협한 이론이 장려하는 완고하고 답답한 인간상이 현재 교묘한 형태로 유행하고 있다. 사람들은 애초에 창조주가 인간을 그렇게 설계했다고 믿는다. 나무도 자연이 만든 그대로의 모습보다는 가지를 치거나 동물 모양으로 다듬는 편이 훨씬 보기 좋다고 생각하는 것처럼 말이다. 그러나 종교에서 인간이 선한 존재로 빚어졌다고 믿는다면 모든 인간의 역량들은 신이 주었다고 믿는 것이 훨씬 일관성 있다. 이 능력들은 소모할 것이 아니라 연마하여 마음껏 펼쳐야 한다. 인간이 이해하고 행동하고 향유할 수 있는 능력을 키워서 자기가 인간 안에 구현해놓은 이상적 모습에 점점 가까워지는 것을 신이 기쁘게 생각할 일이라고 믿는 것이 그런 신앙과 더욱 부합한다.

　칼뱅주의와는 다른 관점에서 훌륭한 인간 유형도 있다. 인간의 본성은 한낱 버려져야 할 것이라기보다는 다른 목적을 위해 인간에게 주어졌다는 것이다. '이단적인 자기긍정'은 '기독교적 자기부정'과 마찬가지로 인간의 가치를 구성하는 요소 중 하나다.[22] 그리스인은 자기계발을 이상으로 지향했는데, 그것을 자기 절제라는 플라톤적이고 기독교적인 이상으로 대체하는 것이 아니라 융합해야 한다. 알키비아데스가 되느니 존 녹스가 되는 편이 더 나을지도 모르겠지만 그 둘보다는 차라리 페리클레스가 되는 편이 낫다.[23] 다만 지금 시대에는 존 녹스에게 있는 장점 없이는 페리클레스가 되는 것도 별로 좋지 못하다.

독창성이라는 열매

개개인의 모든 개별성을 획일적으로 깎아버리는 것이 아니라 타인의 권리와 이익을 해치지 않는 선에서 가꾸고 발전시키는 것이, 인간을 고상하고 아름다운 고찰의 대상으로 만드는 일

---

22 존 스털링, 《수필집》의 내용.
23 알키비아데스는 고대 그리스 아테네의 정치가이자 장군이다. 펠레폰네소스 전쟁에서 자신의 사리사욕을 채우기 위해 아테네를 배반하고 스파르타 편에 선 인물로 '자기긍정'의 부정적 측면을 대표한다. 존 녹스는 스코틀랜드의 종교개혁자로 여러 가지 절망적인 상황에서도 자신의 신념을 굽히지 않은 인물로 '자기부정'을 대표한다. 페리클레스는 고대 그리스 아테네의 정치가이자 장군으로, 민중으로부터 큰 지지를 받았다. 밀은 페리클레스를 이상적인 인물상으로 제시하고 있다.

이다. 작품이 개성을 반영하듯이 그 같은 발전을 거쳐 수준 높은 사고와 고양된 감정의 자양분이 가득해지고, 인류의 일원임을 훨씬 가치 있게 여기게 되면서 모든 개인을 인류라는 종족으로 묶어주는 유대감도 강화된다. 인간은 개별성을 얼마나 발전시키냐에 따라 그와 비례하여 자기 자신에게 더욱 가치 있는 존재가 되며, 그만큼 다른 사람에게도 더욱 가치 있는 존재가 될 수 있다.

인간의 삶은 그 속에 자기 자신이 분명하게 존재해야 훨씬 충만해진다. 저마다의 삶이 충만해야 그 개인들이 이루는 사회도 충만하다. 인간의 본성 중에서 더 강력한 요소들이 타인의 권리를 침해하지 못하도록 하려면 그만큼의 억압이 필요한데, 여기에는 충분한 보상이 뒤따르기 때문이다. 심지어 인간의 발전이라는 관점에서도 그렇다. 자기 발전의 수단은 주로 다른 사람들의 발전을 희생시킨 대가다. 타인에게 해가 되지 않기 위해 개인은 자기 성향을 억눌러야 하는데 그러면 자신이 발전할 수단을 잃게 되기 때문이다.

개인의 본성 중에서 이기적인 부분을 억제하면 사회적인 부분이 더욱 발전하는데 이는 개인 자신에게 그에 상응하는 보상을 가져다준다. 다른 사람들을 위한 정의의 규칙을 엄격하게 고수하다 보면 타인의 이익을 목적으로 하는 감정과 능력을 발전시키게 된다. 그러나 다른 사람들의 이익에 영향을 주지 않는 일인데도 그들이 단지 불쾌해한다는 이유로 규제받는다면 그 규제에 대한 저항감만 생겨날 뿐 가치 있는 것은 아무것도 발전하지 못한다. 그저 묵인하고 복종하면 개인의 본성이 전반적으로 무디고 둔감해질 뿐이다.

각자 자기 본성에 충실하게 살기 위해서는 각기 다른 사람이 각기 다른 방식으로 살아가는 것이 필수적으로 허용돼야 한다. 어느 시대든 이런 자유가 충분히 주어지는 것과 비례하여 후대가 그 시대에 주목하는 정도도 커진다. 심지어 폭정 속에서도 개별성이 존재하는 한 끔찍한 결과까지는 초래하지 않았다. 그 이름을 무엇으로 부르든, 신의 의지를 집행하는 것이든, 인간의 명령을 집행하는 것이든 개별성을 말살하는 행위는 모두 폭정이다.

개별성은 발전과 같고 인간이 제대로 발전하는 길은 오직 개별성을 함양하는 데 있다고 말하면서 내 주장을 마무리할까 한다. 자신이 할 수 있는 한 최선의 모습에 더욱 가까워지도록 스스로를 발전시킬 수 있는 것보다 인간에게 더 중요한 혹은 더 나은 조건이 있을까? 아니면 그러지 못하도록 가로막는 것보다 더 나쁜 일이 있기나 할까? 하지만 이 같은 고찰들로는 설득력이 가장 필요한 사람들을 납득시키는 데 충분하지 않을 것이 확실하다.

개별성을 토대로 발전한 사람들이 발전하지 못한 사람들에게 유익하다는 것을 보여줄 필요가 더욱 있다. 사람들이 방해받지 않고 자유를 누리도록 허용하면 자신한테도 분명한 방식으로 그 보상이 돌아온다는 것을, 자유를 바라지 않는 사람들, 자유를 이용하지 않으려는 사람들에게도 알려줘야 한다.

그러기 위해서 나는 우선, 그런 사람들에게서 배울 점이 있다고 주장한다. 인간의 삶에서 독창성이 가치 있는 요소라는 점은 누구도 부정하지 못할 것이다. 새로운 진리를 발견해서 한때 진리였던 것이 더 이상은 진리가 아니게 되는 때를 알려주는 사람들뿐만 아니라 새로운 실천들을 시작하여 더 계몽된 행동, 인생의 더 나은 취향과 감각의 표본이 되어주는 사람들도 항상 필요하다.

이미 세상이 그 방식에서도, 실천에서도 모두 완벽한 경지에 올랐다고 믿는 사람이 아니라면 누구도 이 점을 부인할 수 없을 것이다. 사실 그 같은 혜택은 엇비슷한 다수가 만들어낼 수 있는 것이 아니다. 인류 전체와 견줬을 때 극소수만이 실험을 주도하는데, 다른 사람들이 그들의 실험을 받아들이면 기성 관행에서 한 단계 더 발전할 것이다. 이런 극소수의 사람은 세상의 소금 같은 존재로서, 그들이 없으면 인간의 삶에는 고여 있는 물웅덩이처럼 썩어갈 일밖에 남지 않을 것이다. 그들은 이전에는 없었던 좋은 것들을 새롭게 도입할 뿐만 아니라 기존의 좋은 것들은 계속 그 생명력을 유지할 수 있게 해준다.

새로 해야 할 일이 없다면 인간의 지적 능력은 필요 없어지지 않을까? 옛것을 답습하는 사람들이 왜 그래야 하는지 다 잊고서 인간이 아닌 소처럼 그대로 따르는 것도 그런 이유 때문일까? 아무리 최고의 신념이라고 해도, 실천해 마땅한 것이라고 해도 기계적인 것으로 전락하기 마련이다. 끊임없는 독창성으로 그런 신념과 실천의 근거가 그저 전통으로 전락하지 않도록 막아주는 사람들이 잇따르지 않는다면, 아무리 최고라 할지라도 이미 죽어버린 관습이나 전통이 되어버린 것들은, 진정으로 생명력이 있는 것이 나타나서 아주 작은 충격만 가해도 버티지 못하고 무너져 내린다. 비잔틴제국이 그랬듯 문명도 그렇게 사라질 수 있다.

천재성을 가진 사람은 극소수이며 앞으로도 항상 그러리라는 것이 사실이다. 하지만 그들을 얻으려면 그들이 자랄 토양을 보존할 필요가 있다. 천재는 오로지 자유라는 대기 속에서만 자유롭게 숨 쉴 수 있다. 천재성의 소유자들은 '그 말의 의미처럼' 다른 사람들보다 '더' 개성이 강하므로 자기 자신을 사회가 제시하는 몇몇 틀 안에 욱여넣지 못한다. 그것은 그들을 고통스럽게 압박하는 일로, 사회는 자신만의 개성을 형성하기 어려워하는 구성원들을 위해 몇 가지 틀을 제공한다.

만일 뛰어난 사람들이 여론과 사회의 압박을 두려워하여 스스로의 모든 역량을 억지로 사회가 제시한 틀에 끼워 맞춘 채 시들어가는 데 동의한다면, 사회는 아무런 혜택도 얻지 못할 것이다. 천재들이 강한 개성을 드러내면서 족쇄를 부숴버리면 '제멋대로'이고 '변덕스럽다'는 등 그와 유사한 경고성 꼬리표를 쉽게 붙어버리는데, 사회는 평범하게 만드는 데 실패한 사례로 그들을 낙인찍는다. 그것은 마치 나이아가라 강이 더치 운하의 양 강둑 사이로 부드럽게 흘러가지 않는다고 불평하는 것과 같다.

따라서 나는 천재가 얼마나 중요한지, 천재가 자유롭게 생각하고 실천하도록 허용하는 것이 얼마나 필요한 일인지 강조하고자 한다. 이론적으로는 아무도 이를 부정하지 않으리라는 것을 잘 알지만 실제로는 거의 모두가 이에 대해 무관심하다. 사람들은 누군가 근사한 시를 쓰거나 멋진 그림을 그릴 줄 안다면 그 천재성을 좋은 것이라고 생각한다. 진심으로 칭찬의 말을 아끼지 않지만 그와 동시에 진심으로 그런 독창성이 없이도 잘 살 수 있다고 여긴다. 안타깝게도 이는 너무나 자연스럽게 받아들여져 이젠 놀랍지도 않을 따름이다.

독창적이지 않은 정신으로는 독창성을 어떻게 사용하는지

절대 체득할 수 없다. 독창적이지 않은 사람들은 독창성이 자신에게 어떤 도움이 되는지 알 수 없다. 어떻게 그럴 수 있을까? 독창성이 자신에게 어떤 도움이 되는지 그들도 알 수 있다면 그것은 더 이상 독창성이 아닐 것이다.

독창성이 주는 첫 번째 유익은 시야의 확장이다. 시야가 넓어지면 독창적인 사람이 될 기회가 생긴다. 무슨 일이든 처음으로 해보지 않았다면 어떤 일도 행하지 못했을 것이다. 세상에 존재하는 모든 좋은 것은 독창성의 열매다. 이런 사실을 떠올리면서, 세상에는 독창성을 토대로 이루어야 할 일이 여전히 남아 있음을 겸손하게 믿도록 해줘야 하고, 자기가 독창적이지 못하다는 자각이 없을수록 독창성이 더 필요하다는 사실도 확고하게 알려줘야 한다.

냉정하게 사실을 말하자면, 정신적으로 우월하거나 그렇게 여겨지는 인물에게 제아무리 존경을 표한다고 말할지언정, 평범한 보통 사람이 지배적인 권력을 장악해가는 것이 세계 도처에서 일반적으로 일어나는 경향이다. 고대, 중세, 봉건 시대부터 지금까지 그 정도가 미약해지기는 했으나 뛰어난 재능이 있거나 사회적으로 높은 지위에 있는 개인이 엄청난 권력을 가졌다. 지금은 개인들이 군중 속으로 사라졌다.

정치에서 이제 여론이 세상을 지배한다는 말은 진부하기 짝이 없어졌다. 그와 같은 권력은 대중에게만 있고, 정부는 대중의 경향과 충동을 따르는 기관으로 전락했다. 이는 공적인 업무에서뿐만 아니라 개인의 사적인 삶과 관련된 도덕적, 사회적 관계에서도 드러난다. 사람들의 의견이 여론이라는 이름으로 통하지만 그들이 늘 같은 부류의 대중은 아니다.

보편적인 교육과 관습에 대한 거부

미국에서 대중이란 모두 백인이다. 영국에서는 주로 중산층을 의미한다. 그러나 그들은 무리, 다시 말해서 평범한 보통 사람들의 집합체를 이룬다. 훨씬 더 신기한 점은, 대중이 교회나 국가의 고위직들, 명목상 지도자들, 책들에서 자기 의견을 구하지 않는다는 것이다. 그들의 생각은 그들 자신과 비슷한 사람들이 그들에게 연설하거나, 그들의 이름을 내걸고 신문을 통해 충동적으로 얘기한 생각과 다르지 않다.

나는 이 모든 것을 불평하는 게 아니다. 더 나은 것이 현재 인류의 낮은 정신 수준에서도 일반적으로 나올 수 있다고 주장하는 것도 아니다. 평범한 사람들의 정부는 평범한 정부 그 이상이 되지는 못한다. 민주주의 정부든, 다수의 귀족이 정치하는 정부든 정치적 행동이나 그 정부가 권장하는 의견, 자질, 정신 상태가 평범함을 뛰어넘었던 경우는 거의 없었고 그럴 수도 없었다.

예외가 있다면 군주에 대해서인데, 많은 군주가 자문단, 그리고 뛰어난 재능과 훌륭한 학식을 갖춘 한 사람 혹은 몇 사람의 영향을 받아 나라를 이끌었을 때뿐이다. 현명한 일이나 숭고한 일은 모두 개인들에게서 시작되고, 반드시 그래야 한다. 일반적으로 처음에는 어떤 한 개인이 시작한다. 평범한 사람들이 명예와 영광을 얻을 수 있는 방법은, 그가 닦아놓은 지혜롭고 숭고한 길을 직시하고 진심으로 받아들여서 따라가는 것이다.

나는 강력한 천재가 정부를 장악하고 제멋대로 권력을 휘두르는 데 복종하는 일종의 '영웅 숭배론'을 지지하는 것이 아니다. 천재가 요구할 수 있는 전부는 그 길을 보여줄 자유뿐이다. 다른 사람들에게 강제로 그 길을 따르게 하는 권력은 나머지 모든 사람의 자유와 발전에 제약을 거는 일일 뿐더러 권력자 자신도 타락시킨다.

하지만 아주 평균적인 사람들로 이루어진 대중의 여론이 어느 곳에서나 지배적인 힘을 행사하게 됐거나 그렇게 되어갈 때에는, 그 같은 경향을 견제하고 완화하기 위해 탁월한 고차원적 사고를 하는 사람들이 개별성을 더더욱 많이 발휘해줘야 한다. 이런 상황에서는 특출한 개인들이 대중과 다르게 행동하지 못하도록 막는 대신에 오히려 다르게 행동하도록 권장해야 마땅하다.

다른 시대에는 그들이 다르게 행동해도 그 행동이 더 나은 것이 아닌 한 아무 이득도 되지 않는다. 이 시대에는 단지 순응하지 않는 것만으로도, 관습에 무릎 꿇기를 거절하는 것 자체만으로도 공헌이다. 정확히 말하자면 대중의 여론은 기행이다 싶은 것은 모두 비난할 정도로 전제적이기 그지없어서, 그런 전제를 타파하려면 사람들이 괴짜처럼 기이하게 행동하는 것이 바람직하다. 개성의 힘이 충만한 시대에는 항상 별난 행동도 넘쳐났고, 사회가 그런 기행을 허용하는 정도는 대체로 그 사회가 추구하는 천재성, 정신적 활기, 도덕적 용기의 양과 비례했다. 감히 유별나게 행동하려는 사람이 이제는 거의 없다는 것이야말로 이 시대가 위험한 현실에 처해 있음을 드러내는 표시다.

나는 관습적이지 않은 것들을 최대한 자유롭게 허용하는 것이 중요하다고 말해왔다. 그것 중 일부도 시간이 흐르면 관습화될 수 있기 때문이다. 그러나 관습과 상관없이 독립적으로 행동하도록 독려해야 한다고 말한 것은 단지 그로 인해 더 나은 행동 방식들, 그리고 보편적으로 채택할 만큼 가치 있는 관습들이 창조될 여지가 생겨나기 때문만은 아니다. 정신적으로 탁월한 사람만이 자기 방식대로 자기 삶을 살아갈 자격이 있는 것도 아니다. 모든 사람의 생활양식이 어느 한 사람 혹은 소수의 본보기를 따라야 할 이유는 없다. 한 개인이 용인할 수준의 상식과 경험을 가졌다면 자기 방식대로 자기 생활을 꾸려나가는 편이 최선인데, 그 자체가 최고의 방식이기 때문이 아니라 그 자신만의 방식이기 때문이다.

다양한 삶의 방식

인간은 양 같은 동물이 아니다. 양조차도 모두 똑같지는 않다. 사람이 코트나 부츠를 살 때도 자기 치수에 따라 맞춤으로 제작하거나, 상점을 다 둘러보며 선택하지 않으면 자신에게 맞는 것을 살 수 없다. 하물며 자신에게 맞는 삶을 찾는 일이 코트를 고르는 일보다 더 쉬울까? 혹은 인간의 신체적·정신적 구조가 발 모양보다 더 비슷할 수 있을까? 사람들에게 취향의 차이라는 것이 있다면 그것만으로도 사람들을 한 가지 틀에 끼워 맞추려 시도해서는 안 되는 이유가 충분하다. 정신적인 발전을 위해서도 서로 다른 사람들은 서로 다른 조건을 필요로 한다.

다양한 식물이 모두 동일한 물리적 환경과 기후에서 잘 생장할 수는 없듯이 인간도 동일한 도덕규범 속에서는 건강하게 존재할 수 없다. 어느 한 사람의 본성을 더욱 발달시키는 데 도움을 주었던 것이라고 해도 다른 사람에게는 방해물이 될 수 있다. 똑같은 삶의 방식이라도 어느 한 사람에게는 건강한 자극이 되어 최고의 상태로 행동하고 향유하는 모든 역량을 발휘하도록 해주지만, 다른 사람에게는 모든 내적 삶을 멈추게 하거나 파괴하는 혼란스러운 짐일 수 있다.

인간은 즐거움을 느끼는 것도, 고통으로 받아들이는 민감도, 그것들에 작용하는 신체적·도덕적 기제도 서로 다르다. 그러므로 그에 상응하도록 다양한 삶의 방식이 허용되지 않으면 자기 몫의 정당한 행복을 누릴 수 없을뿐더러, 각자 타고난

본성으로 성취할 수 있는 정신적·도덕적·미적 발전도 없다. 그런데 왜 다수가 지지하고 용납하는 삶의 취향과 방식에 대해서만 관용을 베풀어야 하는가? 취향의 다양성을 깡그리 무시하는 곳은 수도원과 같은 기관을 제외하곤 어디서도 찾을 수 없다.

사람은 아무 비난도 받지 않고서 노 젓기를 좋아할 수도 싫어할 수도, 담배를 피우고 싶어 할 수도 피우기 싫어할 수도, 음악이나 운동이나 체스나 카드놀이나 공부를 좋아할 수도 싫어할 수도 있다. 이것들을 좋아하는 사람이든 싫어하는 사람이든 그 수가 너무 많아서 어느 한쪽을 억압할 수 없기 때문이다.

그러나 어떤 사람은 '아무도 하지 않는' 일을 하거나 '모두가 다 하는 일'을 하지 않는다는 이유로 심각한 도덕적 과실을 저지른 양 경멸의 대상이 되어 비난받는다. 자기 평판에 흠집을 내지 않고 자신이 좋아하는 일을 마음껏 할 수 있으려면 그런 것이 용인될 정도의 사회적 지위나 모두에게 인정받을 만한 이유가 있어야 한다.

하지만 그런 사람들조차도 그런 것을 어느 정도만 누릴 수 있다. 자기가 하고 싶은 것을 지나치게 고집하면 험담보다 더 나쁜 일을 당할 위험을 초래하게 된다. 비난을 받는 선에서 그치지 않고 '미치광이'로 낙인찍혀 재산을 몰수당하여 친척들에게 나눠주는 불상사가 생긴다.[24]

대중의 여론, 특히 개별성을 표출하는 행위를 의도적으로 용납하지 않으려는 여론의 현재 방향에는 한 가지 특징이 있다. 보통의 평균적인 사람은 지적인 면에서도, 취향의 측면에서도 무난하기 그지없다. 그들에겐 취향이랄 것도, 이례적인 일을 하고 싶은 마음이 들 만큼 강하게 바라는 것도 없다. 그 결과, 그런 취향이나 욕구를 가진 사람들을 이해하지 못한 채,

---

24 최근에 금치산 선고를 받은 자에게서 자기 재산을 마음대로 할 권리를 빼앗은 일이 벌어졌다는 것이 경악스럽기만 하다. 심지어 그가 죽은 뒤에도 자기 재산을 어떻게 처분할지 결정할 수 없을 뿐만 아니라, 그 사람이 금치산 선고를 받아 마땅하다고 법원에 청구한 이들은 그 소송비용을 자신들이 부담하지 않고, 그 사람의 재산에서 제하도록 할 수 있다. 또, 그 사람이 보내는 일상의 모든 순간이 낱낱이 파헤쳐지고, 거기에서 무엇이 발견되든 저속하디 저속한 사람들의 적발 능력을 거치면 전혀 상식적이지 않은 외양으로 정신이상의 증거라고 제시된다. 그리고 그 전략은 종종 성공적이다. 더욱이 영국 판사들은 인간의 본성과 삶에 대한 지식이 이례적으로 부족하여 우리를 대경하게 만드는데, 그들의 법정에 있는 배심원들도 천박하고 무지하기 그지없어서 그것을 꿰뚫어보지 못하고 잘못된 판단을 하고만다.

그런 사람들을 전부 방종하고 무절제한 부류로 분류하여 얕잡는 데 익숙하다.

이런 일반적인 사실과 더불어, 도덕을 향상시키려는 어떤 움직임이 강력하게 일어나기 시작했음을 헤아려야 한다. 이를 통해 우리가 예상해야 하는 일은 자명하다. 현시대에 그 같은 움직임은 이미 시작됐다. 그중 상당수가 실제로 인간의 행동을 규칙화하고 그 범위를 넘지 못하도록 통제하는 효과를 냈다.

이미 외국에서도 박애주의가 널리 퍼져서 모두를 도덕적이

이런 재판은 일반적인 서민이 인간의 자유에 대해 어떻게 느끼고 무슨 의견을 가졌는지 잘 보여준다. 판사와 배심원은 개별성에 어떤 가치도 두지 않으며, 보통의 일을 할 때에도 자신의 판단과 취향에 따라 자기한테 좋아 보이는 대로 행동할 권리가 개인에게 있다는 것도 존중하지 않는다. 정신적으로 온전한 사람일수록 그런 자유를 갈망한다는 것을 그들은 상상조차 하지 못한다.

옛날에는 무신론자들을 화형에 처하자는 요구가 빗발쳤는데, 자비심이 넘치는 사람들은 그러지 말고 그들을 정신병원에 집어넣자고 제안했다. 오늘날에는 그런 제안이 실제로 행해지고, 그 제안을 한 사람들이 자화자찬하는 모습을 지켜보는 것이 전혀 놀랍지 않다. 종교라는 명목을 내세워 이런 불운한 사람들을 박해하는 대신에 너무나 인도적이고 기독교적인 방식으로 대우했으니 그 공과에 대한 보상을 기다리며 말없이 만족해하고 있을 것이기 때문이다—저자의 원주.

고 분별력 있는 사람으로 만들려는 움직임이 확산하고 있다. 이런 시대적 경향 때문에 대중은 행동에 대한 전반적 규칙을 규정하면서 모두가 정해진 기준을 따르도록 하려고 이전 어느 시대보다 더 노력한다. 그 기준은 명시적으로든 암묵적으로든 아무것도 강하게 욕망하지 않는 것이다. 뚜렷한 개성이 없어야 이상적이다. 중국 여인의 전족처럼 인간에게서 두드러지는 본성의 모든 부분을 억눌러 불구로 만들어버리는 것이다. 그런 본성은 평범한 인간과는 너무나 다르게 돌출적 사람으로 만드는 경향이 있기 때문이다.

집단 유사성

어떤 것이 이상적이라고 판단받는 기준도 바람직한 것의 절반 수준을 형편없이 모방한 것에 지나지 않는다. 그 결과, 활기찬 이성에서 비롯한 엄청난 에너지, 양심적인 의지로 통제하는 강렬한 감정을 대신하는 인간의 에너지와 감정은 유약하기만 하다. 그러므로 이런 상태는 의지나 이성을 쓰지 않고 피상적으로 규칙에 순응할 때 유지될 수 있다. 에너지가 상당하던 사람들도 어느새 전통적이 되어가고 있다.

    지금은 사업을 제외하면 이 나라에서 에너지를 발산할 통로를 찾기 힘들다. 사업에 쓰이는 에너지는 여전히 상당할 것이다. 그렇게 쓰고서 얼마 남지도 않은 에너지가 취미를 위해 쓰인다. 취미는 유용하고 심지어 자선사업에 해당할 수도 있지만, 항상 한 가지뿐이고 대체로 그 규모도 아주 작다.

    이제 영국의 위대함은 모두 집단적인 것에서 찾을 수 있다. 각자 작은 존재인 우리는 함께 결합하여 집단을 이루어야만 훌륭한 일을 할 수 있는 것처럼 보인다. 이에 대해 우리의 도덕적·종교적 박애주의자들은 완전히 만족하고 있다. 그러나 지금의 영국을 만든 것은 이런 사람들이 아니라 다른 유형의 사람들이다. 바로 이들이 영국의 쇠퇴를 막아야 할 것이다.

    관습의 전제가 도처에서 인간의 발전을 지속적으로 저해하는 장애물로 작용하면서, 관례적인 것보다 더 나은 것을 목표하는 기질에 대해 끊임없이 적대감을 드러낸다. 그것은 상황에 따라 자유의 정신, 혹은 진보나 개선의 정신이라고 불린다. 개선의 정신이 항상 자유의 정신과 그 뜻을 함께하는 것은 아니다. 개선 의지가 없는 사람들은 강제로 개선하는 것을 목적으로 할 수 있기 때문이다.

자유의 정신은 그런 시도에 저항하는 동안 부분적으로, 한시적으로 개선에 반대하는 사람들과 동맹을 맺기도 한다. 그러나 진정한 개선으로 나아가는 데 유일하게 실패하지 않는 불후의 원천은 자유다. 자유를 통해서만 개선을 위한 독립적 중추가 개인의 수만큼 많이 늘어날 수 있다. 자유를 사랑하는 형태이든, 개선을 사랑하는 형태이든 진보의 원리(Progressive principle)는 관습의 지배에 적대적이고, 적어도 그 굴레에서 해방되려는 형태를 띤다. 그래서 그 두 요소의 싸움이 인류의 역사에서 주된 지분을 차지한다. 제대로 말하자면, 세계 대부분의 지역에는 역사가 없다. 관습의 전제가 극에 이르러 있기 때문이다.

동양에 있는 국가들이 모두 여기에 해당한다. 그곳에서는 관습이 모든 일을 최종적으로 판가름하는 최후의 수단이다. 정의라는 것도, 옳다고 여겨지는 것도 관습에 부합한다는 것을 전제한다. 권력에 도취된 폭군이 아닌 한 아무도 관습이 주장하는 것에 저항할 생각을 하지 못한다. 그리고 우리는 그 결과를 보고 있다.

그런 국가들에서도 한때는 분명히 독창성이 발휘됐을 것이다. 처음부터 인구가 많고, 문자도 있고, 많은 생활 기예에 정통한 토대에서 출발하지는 않았을 것이다. 그들은 이 모든 것을 스스로 이룩했고, 그 시기에 세상에서 가장 위대하고 강력한 국가가 되었다. 그런 그들이 지금은 어떤가? 숲속을 배회하던 부족의 후예들이 으리으리한 궁전과 호화로운 신전을 거닐며 살았지만, 관습의 통제를 받아 자유나 진보와는 다른 길로 나아갔다.

한 민족은 진보하다가 특정 시기에 발전을 멈춘다. 언제 그런 일이 생길까? 바로 개별성을 더 이상 허용하지 않을 때다. 이와 비슷한 변화가 유럽 국가들에도 들이닥칠 테지만 완전히 똑같은 형태는 아닐 것이다. 이들 국가를 위협하는 관습의 전제가 바로 정체로 이어지지는 않을 것이다. 유럽은 특이한 것을 배척하지만, 모든 변화를 완벽하게 차단하지는 않는다.

우리는 선조들이 고수한 복장을 버렸다. 모두가 다른 사람들처럼 입어야 하는 것은 여전하지만 패션은 1년에 한두 차례 바뀌기도 한다. 그래서 변화가 있을 때 그것이 아름다움이나 편리를 도모하려는 변화가 아니라, 변화를 위한 변화임에 주의를 기울여야 한다. 아름다움이나 편리에 대한 생각을 같은 시기에 전 세계에서 갑자기 떠올렸다가 또 다른 시기에 일제히 내팽개치지는 않을 것이기 때문이다.

우리는 변화할 수 있을 뿐만 아니라 진보적이다. 우리는 새로운 기계를 계속 발명하여 그것을 사용하다가 더 좋은 기계로 대체한다. 우리는 정치, 교육, 도덕까지 개선하고자 하는데 이때는 주로 다른 사람들을 설득하거나 강요하게 된다.

우리가 반대하는 것은 진보가 아니다. 오히려 우리는 역대 가장 진보적인 사람들이라고 오만하게 자처한다. 우리는 개별성과 싸우고 있다. 우리 모두를 다 똑같이 만들면 경이로운 성과를 낼 거라고 착각하며 말이다. 사람은 서로 달라야만 자신의 불완전함과 타인의 탁월함, 혹은 이 둘의 이점을 결합해 더 나은 것을 생산할 수 있다는 가능성에 주목하게 된다. 그런데 이 사실을 잊고서 우리 자신을 모두 똑같이 만들었다면 다른 의미의 기적을 행한 것이나 다름없다.

그 경고의 예로 중국을 들 수 있다. 중국은 이미 초창기부터 엄청난 재능과 뛰어난 지혜를 활용하여 아주 훌륭한 관습들을 형성하고 전통으로 삼았다. 그것은 가장 계몽된 유럽인들도 그 한계를 일부 지적하긴 했어도, 인정할 수밖에 없는 업적이었다. 그들은 훌륭한 조직 체계를 만들어 공동체의 모든 구성원이 최고의 지혜를 얻도록 하고, 그 지성과 지혜를 최대한 이용하기 위해 그들을 주요 자리에 등용했다는 점에서도 주목할 만하다.

이런 일을 해낸 사람들은 인간 진보의 비밀을 발견했던 것이 분명하므로 세상을 움직이는 선두에 계속 서 있었어야 마땅하다. 하지만 지금 시대의 그들은 수천 년 전의 모습에 머물며 더 이상 진보하지 못하고 있다.

영국의 박애주의자들이 근면하게 노력하고 있는 일, 즉 똑같은 격률—행위의 규범이나 윤리의 원칙—과 규칙으로 한 민족의 생각과 행동을 지배하여 전부 똑같이 만드는 일을 그들은 기대 이상으로 성공시켰다. 그리고 그 결과가 이러하다. 중국의 교육제도와 정치제도가 조직적인 형태로 했던 것을 대중 여론이라는 현대 정권은 비조직적인 형태로 하고 있다. 이 굴레에서 벗어나 성공적으로 개별성을 발휘할 수 있는 환경으로 발전하지 않는 한 유럽은 또 다른 중국이 되고 말 것이다.

자유와 환경의 다양성

지금까지 유럽이 이런 운명에 처하지 않을 수 있었던 요인은 무엇일까? 유럽 민족들은 무엇 덕분에 정체되지 않고 개선해

나갈 수 있었을까? 유럽인이 우월하거나 탁월해서가 아니다. 만약 그런 것이 있다면 결과일 뿐 원인은 아니다. 그 원인은 바로 개성과 문화의 놀라운 다양성에 있다. 유럽의 경우 개인도, 계급도, 민족도 서로 극단적으로 달랐다. 그들은 엄청나게 다양한 길로 과감히 나아가면서 각자 가치 있는 결과물을 만들어냈다.

비록 매 시기마다 다른 길을 걸어가는 사람들은 서로를 관용하지 않았고, 나머지 모든 사람이 자신과 같은 길을 따르도록 강요하는 것을 바람직한 일이라고 믿었지만 그렇게 서로의 발전을 저해하는 시도들이 영원한 성공을 얻는 경우는 거의 없었고, 때가 되면 다른 사람들이 좋다는 길을 받아들이지 않을 수 없었다.

내가 판단하기에 유럽이 진보적·다면적 발전을 이룰 수 있었던 결정적 이유는 바로 여기에 있다고 본다. 어디로 통하든 수많은 길이 사방으로 열려 있었다는 것이다. 그러나 유럽은 이런 이점을 벌써 상당수 잃어버리기 시작했다. 그리고 모든 사람을 똑같이 만드는 중국식 이상을 향해 전진하고 있다.

모리스 드 토크빌은 마지막으로 쓴 중요한 저서에서 현재 프랑스인이 지난 세대와 비교했을 때 어느 정도까지 서로 비슷해지고 있는지 언급한다. 영국인들에 대해서도 그와 똑같이 비교해보자면 그 정도는 훨씬 더 심할 것이다. 앞에서 이미 빌헬름 폰 훔볼트의 말을 인용했듯이 그는 인간이 발전하기 위해서는 자유와 환경의 다양성이라는 두 가지 조건이 필요하다고 지적했다. 사람들을 서로 다르게 만들어주는 것이 인간의 발전에 꼭 필수적이기 때문이다.

이 두 조건 중에서 두 번째 조건은 이 나라에서 날마다 사라지고 있다. 서로 다른 계급과 개인을 둘러싸고 그들의 성격을 형성하는 데 영향을 주는 환경적 요인들이 점차 비슷해지고 있다. 예전에는 계급이 다르고, 이웃이 다르고, 일과 직업이 다르면 각자 다른 세계에 살았지만 현재는 상당히 똑같은 세계에 살고 있다. 비교해 말하자면 지금 그들은 같은 것을 읽고, 같은 것을 듣고, 같은 것을 보고, 같은 곳에 가고, 같은 대상을 희망하거나 두려워한다. 지위의 차이는 아직 남아 있지만 예전과 같지 않고 사람들은 같은 권리와 같은 자유를 누린다.

동화는 여전히 진행 중이다. 이 시대의 모든 정치적 변화가 이를 촉진한다. 낮은 위치에 있는 사람들을 끌어올리고 높은 위치에 있는 사람들을 끌어내리려는 경향이 있기 때문이다. 교육의 확대도 한몫하는데, 교육은 사람들이 공통의 영향력 아래에서 일반적인 사실과 정서에 접근하도록 하기 때문이다. 의사소통 수단의 발전도 한 요인으로서, 멀리 떨어져 있는 사람들이 개인적으로 접촉할 수 있게 됐고 한 장소에서 다른 장소로 거주지를 바꾸는 속도도 빨라졌다.

상업과 제조업의 발달도 마찬가지 현상을 불러온다. 더 많은 사람이 편리함의 혜택을 누리게 됐고 온갖 목표, 심지어 가장 높은 목표에 대해 모든 사람이 야심을 품고 일반적인 경쟁에 뛰어들 수 있게 됨으로써 출세욕이 더 이상 특정 계급의 특징이 아니라 모든 계급의 특징이 되었다.

인류의 삶이 유사해지는 데 이 모든 것보다 한층 더 강력하게 기여한 요인은 이 나라와 다른 자유 국가들에서 여론이 국가를 지배하는 힘으로 완벽하게 자리 잡았다는 것이다. 일부 사람들이 자신이 가진 사회적 명성에 기대어 대중의 의견을 무시했던 때도 있지만, 그런 명성들은 점차 평준화되고 있다. 대중에게도 의지가 있다는 것이 하나의 분명한 인식이 되어, 대중의 의지에 반하려는 생각은 현실적인 정치인들의 마음속에서 갈수록 사라진다. 결국 여론에 순응하지 않는 것은 그 어떤 사회적 지지도 받지 못하게 됐다. 대중이 수적인 우위를 내세워서 하나의 여론을 관철시키고자 할 때 이에 반하여 다른 의견을 제시하고 행동하는 사회적 세력은 더는 존재하지 않게 되었다.

이 모든 요인이 결합하여 개별성에 적대적인 영향을 끼친다. 어떻게 해야 개별성의 토대를 확보할 수 있을지 지금으로서는 미지수다. 특히 지식인들이 개별성의 가치를 깨닫지 못한다면, 서로 다른 것이 나은 점이 없더라도, 심지어 더 나빠지는 것처럼 보일지라도, 서로 달라야 좋다는 것을 알지 못한다면 그런 상황은 더더욱 어려워질 것이다. 그래도 개별성이 강력하게 주장돼야 한다면 바로 지금인데, 여전히 많은 점에서 모두를 강제적으로 동화시키기란 역부족이기 때문이다. 어떤 태도든 방해받더라도 성공적으로 형성할 수 있는 시기는 초기 단계뿐이다.

　다른 모든 사람이 우리와 비슷해야 한다는 요구는 갈수록 커지고 있다. 모두의 인생이 하나의 획일적인 형태로 거의 통일될 때까지 기다렸다가 저항한다면 그 같은 삶에서 벗어나려는 시도는 전부 불경스럽고 부도덕하며, 심지어 괴물같이 자연이라는 본성을 거스르는 것으로 여겨질 것이다. 인류는 잠깐이라도 다양성과 멀어지면 다양성 자체를 생각할 수조차 없게 된다.

제4장

사회가 개인에게
행사할 수 있는
권한의 한계

　개인이 자기 자신에게 정당하게 행사할 수 있는 주권의 한계는 어디까지일까? 개인에 대한 사회의 권한은 어디에서 시작해야 하는가? 인간의 삶에서 개인의 영역과 사회의 영역을 어떻게 구분할 수 있는가? 각자 자신과 더 긴밀한 관계를 이루는 것이 있다면 그것이 개인의 영역에 속할 것이다. 주로 개인의 이해관계와 관련 있는 삶의 부분은 개별성의 영역에, 사회의 이해관계와 관련 있는 삶의 부분은 사회의 영역에 속한다.

　사회의 보호적 테두리 안에 있는 사람이라면 모두가 그 혜택을 받는 만큼 사회에 돌려주어야 할 의무가 있지만 사회는 계약에 의거해 성립된 것이 아니고 사회적 의무를 도출하기 위해 사회계약론을 적용하는 것도 적절치 않다. 사회의 구성원이라면 타인에게 피해를 주지 않기 위한 행동 제약이 필요하다. 이에 대한 규칙은 다음과 같다.

자유를 위한 행동 원칙

첫째, 다른 사람의 이익을 침해해서는 안 된다. 이때 명시적인 법률 규정이나 암묵적인 합의에 따라 개인의 권리로 여겨져야 하는 이익을 말한다.

둘째, 사회나 그 구성원들이 해를 입거나 괴롭힘을 당하지 않도록 보호하기 위해 개인에게 요구되는 노동과 희생 중에서—형평의 원칙에 의거해 정해진 대로—각자의 몫을 감당해야 한다. 이 같은 조건을 이행하지 않으려는 사람에게는 사회가 강제력을 동원하는 것이 정당화된다.

또한, 개인의 행동이 법으로 정해진 다른 사람들의 권리를 침해하는 것은 아닐지라도, 타인에게 해가 될 수도 있고 그들의 복리를 제대로 고려하지 못한 것일 수도 있다. 그런 경우에는 법이 아니라 여론을 통해 정당하게 처벌한다. 개인의 행동이 타인의 이익에 손해를 끼치는 즉시, 사회는 그에 따른 사법

권을 발동하여 개인의 행동에 개입한다.

이런 개입이 일반적인 공공복리를 증진시키는지 아닌지의 문제는 공론에 부쳐진다. 그러나 개인의 행동이 본인을 제외하고 다른 사람들의 이익에는 아무 영향도 미치지 않거나, 평균적인 이해력을 갖춘 사람들이 원하지 않는 한 어떤 영향도 미칠 것이 없다면 그런 문제는 제기될 여지도 없다. 모든 경우에 개인이 행동을 하고 그 결과에 대해 책임지기 위해서는 법적으로도, 사회적으로도 완벽한 자유가 주어져야 한다.

이 원리는 오해할 소지가 있다. 인간은 살아가면서 타인의 행동에 상관할 바가 아니라는 이기적 무관심이라고, 자기 이해관계가 얽혀 있지 않은 한 타인의 번영이나 복리에 개입해서는 안 된다고 오해하는 것이다. 도리어 이런 무관심 대신에 다른 사람의 이익을 증진하기 위해 사심 없는 노력을 늘려갈 필요가 있다. 사심 없이 돕는 데도 축어적으로든, 은유적으로든 채찍과 회초리로 강제하기보다는 사람들이 자기 이익에 맞게 행동하도록 설득하는 다른 수단을 찾을 수 있다.

나는 개인적인 덕목들이 지닌 가치를 과소평가하는 것이 결코 아니다. 다만 중요성의 측면에서 사회적인 덕목들에 비해 두 번째로 중요할 뿐이다. 개인적인 덕목과 사회적인 덕목

둘 다를 함양하는 것이 교육의 소임이다. 그러나 교육조차 강압뿐만 아니라 확신과 설득을 통해 이루어지고, 교육 시기가 지나면 개인적인 덕목은 확신과 설득을 거쳐야 길러진다.

인간은 서로가 존재하는 덕분에 더 좋은 것과 더 나쁜 것을 구별할 줄 알고, 더 좋은 것은 선택하고 더 나쁜 것은 피할 수 있다. 자신에게 주어진 더 높은 수준의 역량을 최대한 끌어내고, 감정과 목표가 어리석은 방향이 아니라 현명한 방향, 저급한 방향이 아니라 더 나은 방향을 추구하도록 서로를 자극해야 한다.

그러나 한 사람이든 여러 사람이든 간에 다른 성숙한 개인이 자기 이익을 위해 그렇게 살겠다고 선택한 인생에 대해서 그렇게 살지 말라고 말할 권리가 없다. 자기 행복에 가장 관심이 많은 사람은 개인 본인이기 때문이다. 개인적으로 강렬한 애착을 느끼는 경우가 아니라면 다른 사람의 관심이란 당사자가 자신에게 쏟는 관심과 비교했을 때 하찮기만 하다.

사회가 개인에게 보이는 관심은—개인의 행동이 다른 사람들에게 영향을 미치는 경우를 제외하고—단편적이고 지극히 간접적이다. 지극히 평범한 사람들도 자신의 감정과 상황에 대해서는 다른 사람의 감정이나 상황과 비교할 수 없을 정도로 잘 알고 있다. 자기 자신에게만 관계되는 개인의 판단과 목적을 사회가 개입해 번복하는 것은 일반적인 추정에 기반해야 하는데, 그 추정이 전적으로 틀릴 수 있고, 설령 옳다고 해도 전후 사정을 외부인보다도 잘 모르는 사람들이 개인적인 경우에 잘못 적용하기 쉽다. 따라서 인간에게 생기는 문제 중에서 이런 부분에서는 개별성이 제대로 작용할 수 있는 장이 마련돼야 한다.

다른 사람과 관계되는 행동을 할 때는 일반적인 규칙을 준수할 필요가 있다. 사람들이 그 결과를 미리 예측해볼 수 있기 때문이다. 그러나 오로지 각 개인에게만 관계되는 문제라면 그 사람의 개인적인 자발성이 자유롭게 발휘될 수 있어야 한다. 다른 사람들이 개인의 판단을 돕기 위해 배려할 수도, 개인을 동기 부여하기 위해 권장할 수도 혹은 강요할 수도 있지만 최종 판단은 개인 스스로 내려야 한다. 개인은 다른 사람들의 충고와 경고를 무시하여 실수를 저지르기도 한다. 하지만 그 모든 실수를 합쳐도 다른 사람들이 그 사람에게 좋다고 여기는 대로 강요해서 비롯되는 해악이 훨씬 크다.

타인을 향한 의견의 자유성

어떤 사람을 대하면서 감정을 느낄 때 그 개인 자신에게만 관계되는 자질이나 결함이라고 해서 그것에는 아무 영향도 받아서는 안 된다고 말하는 것이 아니다. 그런 일은 가능하지 않을뿐더러 바람직하지도 않다. 개인 자신의 이익에만 도움이 되는 자질들일지라도 탁월하다면 그 사람은 어느 정도 존경받아야 마땅하다. 그는 완벽하게 이상적인 인간의 본성에 한층 가까운 사람이다. 그런 자질들이 지독히 부족한 사람에게는 존경과는 상반된 정서가 뒤따를 것이다.

이러한 표현이 바람직하지는 않지만 인간의 여러 자질 중에는 어리석고, 저급하고, 타락한 취향이라고 불러도 무방한 것이 있다. 하지만 그런 자질을 보이는 사람이라는 이유로 그에게 해를 가하는 것을 정당화할 수 없다. 다만 그 사람을 혐오의 대상, 극단적으로는 경멸의 대상으로 바라보는 것은 어쩔 수 없고 비난받을 수 없다. 이런 감정들을 느껴보지 않고서는 그와 반대되는 좋은 자질들을 갖출 수 없기 때문이다.

어떤 사람은 누구에게도 피해를 주지 않았지만 사람들에게 바보나 열등한 존재로 치부되기도 한다. 자신에 대해 다른 사람들이 그렇게 판단하고 느끼는 것은 그 사람도 피하고 싶은 실상이므로, 자기가 원하지 않는 어떤 다른 불쾌한 결과를 맞닥뜨리게 될지 그에게 미리 경고해 도와주는 셈이 된다. 이 좋은 일을 현재 공손하다고 흔히 인정되는 수준보다 더 자유롭게 행할 수 있다면, 무례하거나 주제넘는다고 여겨지는 일이 없이 잘못이라고 생각하는 것을 타인에게 솔직히 지적할 수 있다면 참으로 좋을 것이다.

우리는 타인에 대해 비호의적 의견을 갖게 되기도 하는데, 다른 사람의 개별성을 억압하는 것이 아니라 우리 자신의 개별성을 드러내는 것이라면 우리에게는 또한 그 의견에 따라 여러 방식으로 행동할 권리가 있다.

예를 들어, 우리에게는 별로 좋아하지 않는 사람이 있는 집단에서 굳이 어울릴 의무가 없다. 자신에게 가장 적합한 집단을 선택할 권리가 있기 때문에 그렇지 않은 집단을 피할 권리도 있다—회피하는 행동을 과시할 필요는 없지만. 그 사람의 언행이 그와 교제하는 다른 사람들에게 유해한 영향을 미칠 것 같다고 생각되면 다른 구성원에게 그 사람을 주의하라고 알려주는 것도 우리의 권리이고, 어쩌면 의무일지도 모른다.

우리가 선택적으로 할 수 있는 좋은 일 중에서 그 사람의 발

전을 위한 일이 아니라면 그에게 호의를 베푸는 기회를 다른 사람들에게 넘길 수도 있다. 오로지 자신에게만 직접적으로 관계되는 잘못인 경우에도 이런 여러 방식으로 다른 사람들의 손에 아주 엄중하게 처벌받을 수 있다. 그러나 그를 처벌하기 위해 의도적으로 가하는 것이어서는 안 되고 자연스러운 것, 그가 저지른 잘못에 당연히 따르는 결과로서만 그 같은 불이익을 겪어야 한다.

경솔하고 완고하며 자만하는 사람, 온건하게 살 수 없는 사람, 해로운 탐닉을 자제하지 못하는 사람, 감정과 지성의 기쁨 대신 동물적인 쾌락만 추구하는 사람은 다른 사람들 사이에서 자기 평판이 좋지 않으리라는 것을 예상해야 한다. 그들과 좋은 감정도 함께 나눌 수 없을 테지만, 이에 대해서는 불평할 권리도 그 사람에게는 없다. 물론 각별한 사회관계 덕분에 사람들의 인기를 한 몸에 누려서 자신에게 단점이 되는 결점이 있어도 평판이 여전히 좋은 인물이라면 이야기가 좀 달라지겠지만 말이다.

내가 말하고 싶은 것은, 어떤 사람이 자기와 관련 있는 다른 사람들의 이익에는 아무 영향도 끼치지 않고 자신에게만 관계된 일부 행동과 성격 때문에 감수해야 할 것이 있다면 다른 사람들의 비판적인 판단에 따르기 마련인 불편함뿐이어야 한다는 점이다. 물론 타인에게 해가 되는 행동들은 전적으로 다르게 취급해야 한다.

타인의 권리를 침해하는 것, 정당한 권리 없이 타인에게 손실이나 손해를 가하는 것, 타인에게 거짓말을 하거나 이중적인 태도를 보이는 것, 부당하거나 관대하지 못한 방식으로 타인을 이용하여 이득을 착취하는 것, 심지어 타인에게 피해가 간다는 사실을 알면서도 이기심에 내버려두는 것도 도덕적 유기에 해당하며 그 정도가 심각한 경우 응징과 처벌을 받는다.

이런 행동뿐만 아니라 이런 행동을 초래하는 기질도 당연히 부도덕하므로 혐오를 일으키는 반감의 대상이다. 잔인한 기질, 악의적인 심술, 모든 감정 중에서 가장 반사회적이고 혐오스러운 질투, 위선과 불성실, 화낼 일이 아닌데도 걸핏하면 화내는 성미, 남이 도발했다고 해도 필요 이상으로 과하게 드러내는 적개심, 다른 사람들을 쥐락펴락하기를 좋아하는 마음, 자기 몫보다 더 많은 이익을 독점하려는 욕심—그리스어로 '플레오넥시아(Pleonexia)'—타인의 굴욕을 보고 우월감을 느끼는 것, 자기와 관련된 것이 다른 무엇보다 중요하여 모든 의심스러운 문제를 자기에게 유리하게 결정하는 이기심, 이런 것들이 도덕적 해악으로 악질적이고 혐오스러운 품성을 형성한다.

앞에서 언급한, 자신에게만 관련된 잘못들과는 차이가 있는데, 정확히 부도덕하다고 할 수 없고 얼마나 심한 행동을 하든 처벌받아야 할 만큼 악의가 있는 것은 아니기 때문이다. 그저 한 개인이 어느 정도로 어리석은지, 그 사람의 존엄성과 자존감이 얼마나 부족한지를 드러내는 증거일 뿐이다. 그러나 그런 잘못들로 인해 타인에 대한 의무를 위반하게 되면 그때에만 도덕적인 비난의 대상이 된다. 왜냐하면 개인을 다른 사람들을 위해 스스로 조심할 의무가 있기 때문이다.

우리 자신에 대한 의무라는 것은 상황에 따라 동시에 타인에 대한 의무이기도 한 경우가 아니라면, 사회적인 의무가 아니다. 자기 자신에 대한 의무라는 용어에 신중함 이상의 의미가 담겨 있다면 자기 존중이나 자기 발전을 의미한다. 따라서 누구도 다른 사람들에 대해 책임질 이유가 없다. 그중 어느 것도 인류의 이익을 위해 우리가 책임져야 할 것이 아니기 때문이다.

개인에게서 비롯하는 해악

어떤 사람이 신중하지 못하거나 개인적인 존엄을 잃은 탓에 아무런 배려도 받지 못하는 것과 타인의 권리를 침해한 이유로 비난받는 것에는 큰 차이가 있다. 어떤 사람이 우리를 불쾌하게 만들었다고 치자. 그를 통제할 권리가 우리에게 있다고 생각하는 일에서 그가 그렇게 하느냐, 우리에게 그런 권리가 없음을 알고 있는 일에서 그가 그렇게 하느냐에 따라 우리의 감정과 행동은 굉장히 달라진다. 그가 우리를 불쾌하게 만들었다면 우리는 불쾌감을 표현할 수 있고, 그 사람과 거리를 둘 수도 있다.

그러나 이런 이유를 들어 그 사람의 삶을 불편하게 만들어야겠다고 마음먹어서는 안 된다. 그가 자기 잘못에 대해 이미 제대로 처벌을 받고 있거나 받을 것임을 상기해야 한다. 그의 인생이 자기 실수로 망가지고 있다면 그런 이유 때문에 훨씬 더 망가지기를 바라서는 곤란하다. 그를 처벌하면 좋겠다는 바람 대신에 그가 그릇되게 행동하여 스스로에게 초래할 해악을 피하거나 바로잡는 방법을 보여주면서 그가 받을 처벌을 경감하려고 노력하는 편이 낫다.

그는 어쩌면 우리에게 동정, 아마도 혐오의 대상일 수 있지만 분노나 적개심의 대상이어서는 안 된다. 그를 사회의 적으로 취급해서도 안 된다. 그에게 호의적으로 접근하는 것이 아니라면, 그가 어떤 행동을 하든 그냥 놔두는 것이 우리가 정당한 범위 안에서 생각할 수 있는 가장 가혹한 처벌일 것이다.

그가 개인적으로든 집단적으로든 타인을 보호하는 데 필요한 규칙들을 위반했다면 이야기는 크게 달라진다. 그런 경우에는 그의 행동으로 인한 나쁜 결과가 그 자신뿐만 아니라 다른 사람에게도 영향을 미치기 때문에, 구성원을 보호해야 하는 사회는 그에게 합당한 응징과 처벌을 가해야 한다. 그가 범죄자로 우리의 법정에 서 있는 경우에는 그를 심판해야 할 뿐만 아니라 여러 형태로 형벌을 집행해야 한다. 그와 달리 우리가 우리 자신의 문제를 자유롭게 처리할 권리, 마찬가지로 그가 자신의 문제를 자유롭게 처리할 수 있는 권리를 누리는 과정이 우리에게 나쁜 영향을 끼치는 것이 아니라면, 어떤 처벌이든 그에게 가하는 것은 우리 몫이 아니다.

나쁜 행위와 좋은 행위

개인의 삶 중에서 오로지 자기 자신과 관계되는 부분, 그리고 타인과도 관계되는 부분 사이에는 차이가 있음을 여기에서 지적했는데 많은 사람이 그 차이를 인정하지 않으려 할 것이다. 이렇게 물을 수도 있다. 어떻게 사회에 속한 구성원의 행동이 다른 구성원들과 상관없을 수 있을까? 누구도 사회와 동떨어져 전적으로 혼자일 수는 없다. 한 사람이 심각하게 혹은 영구적으로 자신에게 해를 입히는 행위가 적어도 그와 가까운 사람들, 어떤 것인지에 따라 그보다 더 먼 관계라 할지라도 악영향을 미치지 않기란 불가능하다.

 개인이 자기 재산에 손실을 입힌다면 그 재산의 도움을 직접적으로든 간접적으로든 받는 사람들에게 해를 입히는 것이고, 보통은 그 양이 많든 적든 간에 공동체의 전반적인 자원을 낭비하는 것이다. 개인이 자신의 신체적 능력이나 정신적 능력을 퇴보시킨다면 그에게서 일부 행복을 찾는 모든 사람에게 해를 끼치는 것일뿐더러 주변 사람들에게 받은 도움을 갚을 자격을 스스로 박탈하는 것이다. 어쩌면 그들의 애정이나 자비심에 기대야 하는 짐스러운 존재가 될지 모른다. 이런 행동이 빈번하게 일어난다면 어떤 위반 행위보다도 사회 이익 전체에 끼치는 피해가 크다.

마지막으로 개인이 자신의 악덕이나 어리석음으로 타인에게 직접적인 해를 끼치지 않은 경우라도, 그럼에도 그는 그런 본보기가 되어 타인에게 해를 입힌다. 그러니 그의 행동을 보거나 알고 나서 타락하거나 잘못된 길로 들어설 수 있는 사람들을 위해 강제로라도 그를 통제해야 한다고 말하는 사람들도 있을 것이다. 또 다음과 같은 말도 덧붙일 것이다—잘못된 행동의 결과가 그렇게 행동한 나쁜 사람이나 생각 없는 사람에게 국한될 수 있다면 사회는 그들이 사회에 명백히 부적합한 사람들일지라도, 그들이 살아가는 방식을 존중하여 그대로 내버려둬도 되는 것인가. 어린아이와 미성년자들을 그들의 의사와 상관없이 보호해줄 책무가 사회에 있다고 한다면, 성인이어도 자신을 통제할 수 없는 사람들에 대해서도 사회가 똑같이 보호해줘야 하는 것인가.

도박, 과음, 무절제, 게으름, 불결이 법으로 금지하는 다른 많은 행동과 마찬가지로 행복에 해가 되고 발전에 큰 방해가 된다면 법은 실용성과 사회적 편의에 부합해야 하므로 그런 것들도 법으로 통제하려고 노력해야 하지 않을까—라고 물을 수도 있다. 불완전할 수밖에 없는 법을 보완하기 위해 여론이 이런 악덕들에 대항하는 강력한 경찰 역할을 조직적으로 담당해서 그런 행동을 하는 사람들에게 엄격한 사회적 처벌을 내려야 하지 않을까—이렇게도 말할 수 있다.

여기에서 개별성을 제한하거나 새로운 독창적 삶의 실험들을 하지 못하도록 막아야 한다는 것은 아니다. 그저 세상이 시작됐을 때부터 지금까지 시도하는 과정에서 비난받아온 행위들, 즉 경험상 어떤 사람의 개별성에도 유용하지도 적합하지도 않다고 드러난 행위들은 방지해야 한다는 것이다. 상당한 시간이 흐르고 충분한 경험이 쌓여야 도덕적인 진리나 분별 있는 진리로 확립됐다고 간주할 수 있으므로, 선조들에게 치명인 해악을 입혔던 바로 그 벼랑에서 후손들은 굴러떨어지지 않도록 하기 위해서다.

비난의 대상이 되는 원인

개인이 자신에게 위해를 가하면 동정심에서도 이해관계가 얽혀 있어서도 자기와 가까이 연결되어 있는 사람들에게 중대한 영향을 미치게 되고, 그 정도는 미미하겠지만 사회 전체적으로도 영향을 미치리라는 것을 나는 전적으로 인정한다. 이런 식의 행동으로 개인이 다른 한 사람 혹은 여러 사람에게 부과된 의무를 위반한 경우에는, 자기 자신에게만 관계되는 영역에서 벗어난 것이기 때문에 도덕적 반감을 사게 된다.

이를테면 한 사람이 음주나 사치로 빚을 갚을 수 없어지거나, 가족에 대한 도덕적 책임이 있는데도 그들을 부양하거나 교육하는 데 차질을 빚었다면 그는 당연히 난봉꾼이라는 비난을 들어 마땅하고, 정당하게 법적인 처벌도 받을 수 있다. 그러나 처벌은 사치 때문이 아니라 가족이나 빚진 사람들에 대한 의무를 위반했기 때문이다. 제아무리 신중한 투자를 위해 쓰였다고 해도 도덕적인 책임은 달라지지 않는다. 조지 반웰[25]은 자기 정부에게 줄 돈을 얻으려고 삼촌을 살해했지만 그가 자기 사업을 위해 그런 죄를 저질렀다고 해도 마찬가지로 교수형에 처해졌을 것이다.

---

25 영국의 극작가 조지 릴로가 쓴 《런던 상인: 조지 반웰의 이야기》에 등장하는 주인공이다. 조지 반웰은 삼촌 밑에서 도제로 일하면서 애인을 위해 삼촌을 죽이는 극악한 짓을 저지른다.

다시 말해 나쁜 습관에 중독되어 가족에게 고통을 안겨주는 사례가 빈번한데, 이럴 경우에 그 사람은 가족에 대한 무정함이나 배은망덕함에 대해 비난받아 마땅하다. 하지만 그 자체로는 나쁜 습관이 아닌, 어떤 습관에 빠져서 같이 일생을 살아가는 사람들이나, 안락한 생활을 하기 위해서는 그와의 개인적인 유대에 기댈 수밖에 없는 사람들을 고통스럽게 만들면 마찬가지로 비난을 받을 것이다.

일반적인 수준에서 타인의 이익과 감정을 고려하는 것은 어떤 긴요한 의무에 따라 강제되는 것이 아니지만 개인의 자기 선호에 따라 마음대로 해도 정당화되는 것은 아니다. 그래서 그런 것을 고려하지 않는 사람은 도덕적인 반감의 대상이 되지만, 그렇게 하지 못한 행동에 대해서만 비난받을 뿐, 그 이유에 대해서는 비난받을 수 없다. 그렇게 행동하게 된 간접적 원인으로 그 사람에게만 관계되는 개인적 잘못에 대해서도 비난할 수 없다.

한편, 어떤 사람이 오로지 자신에게만 관계된 행동을 하느라고 대중에게 다해야 할 확실한 의무를 이행하지 않았다면 그는 사회적인 범죄를 저지르는 셈이다. 누구도 단순히 술에 취했다는 이유로 처벌받아서는 안 된다. 하지만 근무 중인 군인이나 경찰이 술에 취했다면 처벌받아야 한다. 간단히 말해서 개인에게든 대중에게든 손해가 생길 것이 분명한 경우에는 자유의 영역을 떠나서 도덕과 법을 영역에 놓이게 된다.

그러나 어떤 사람의 행동이 대중에 대한 특정한 공적 의무도 위반하지 않았고 자신을 제외한 다른 개인에게는 인지될 정도의 피해도 야기하지 않았을지라도, 사회에 어떤 불이익을 유발했을 것이라고 추정되는 경우에는, 인간의 자유라는 크나큰 이익을 위해서 사회가 불이익을 감당해야 한다.

성인이 스스로를 제대로 돌보지 않았다는 이유로 처벌받는다면, 그들이 사회적 이익을 발생시키는 능력을 스스로 손상하지 않도록 예방하는 차원이라기보다는 그들 자신을 위한 것이라고 하는 편이 낫다. 사회에 그런 것을 요구할 권리가 있다고는 주장하지 못하기 때문이다. 그러나 취약한 사회 구성원들을 통상적인 기준에서 이성적으로 행동하도록 이끌어줄 수단이 사회에 달리 없으므로 그들이 이성에 어긋나는 짓을 저지를 때까지 기다렸다가 법적으로든 도덕적으로든 처벌하는 도리밖에 없다고 주장하는 데는 동의할 수 없다.

개인의 행위와 사회적 제재

사회는 구성원이 어릴 때는 그들에 대해 절대적인 권한을 갖는다. 아동기와 미성년기 전 시기에 걸쳐서 사회는 그들이 살아가는 동안 이성적인 행동을 할 수 있도록 만들려고 노력한다. 현세대는 다가올 세대를 교육하고 완전한 환경을 제공하는 스승이다. 하지만 다음 세대를 완벽하게 선량한 사람으로 만들 수는 없는데, 현세대 자체가 한탄스러우리만치 선량하지도 지혜롭지도 못하기 때문이다. 그리고 최고의 노력을 쏟아부어도 개개의 경우에서 항상 최고의 성공을 거둘 수 없는 법이다. 그러나 신진 세대를 전체적으로 현세대만큼 혹은 그보다 조금 더 낫게 만드는 것은 충분히 가능하다.

사회가 상당수의 구성원을 그저 어린아이처럼 자라게 방치하여 장기적인 동기를 이성적으로 고려해 행동하지 못하도록 만들었다면 사회는 그 결과에 대해 비난받아야 마땅하다. 사회에는 교육이라는 강력한 무기가 있다. 그것을 통해 이미 받아들여진 통설의 권위를 내세워 스스로는 제대로 판단하지 못하는 사람들을 지배할 수 있는 힘이 있다. 그들을 아는 사람들에게서 혐오감이나 경멸감을 불러일으키는 일이 없도록 '자연스러운' 처벌로 그들을 도와줄 수 있는 힘도 사회에 있다.

이 모든 것 이외에도 사회는 개인의 사적인 문제에 대해서도 명령하고 복종하도록 강제할 수 있는 권한까지 필요하다고 주장해서는 안 된다. 어떤 사람의 행동이 전적으로 그 사람에게만 영향을 미치는 경우, 그 결과에 대한 책임이 모두 그에게 있는 것처럼, 결정할 권한도 온전히 그에게 주어져야 한다는 것이 정의와 지혜의 원칙에 부합하기 때문이다.

행동에 좋은 영향을 주는 방법이어도 그에 대해 불신하게 만들고 실망시키는 데는 그보다 더 나쁜 방법을 동원하는 것만 한 게 없다. 정열적이고 독립적인 성격인 사람들에게 강제로 신중함이나 자제심을 갖도록 하면 그들은 분명 그 같은 굴레에 저항할 것이다. 그런 사람은 자기 문제를 통제할 권리가 자신 아닌 타인에게 있다고는 결코 생각하지 않는다. 다른 사람들도 자신들의 문제에 그가 나서서 해를 끼치려고 하면 그러지 못하도록 막아야 하는 것과 마찬가지다.

청교도들이 광신적으로 주장했던 도덕적 불관용을 찰스 2세 시대에 계승한 것처럼, 또다시 사회가 그러한 월권으로 폭정을 자행하는 경우에는, 거기에 정면으로 맞서는 행동이 용기의 표상으로 여겨질 것이다.

그러나 우리는 지금 타인에게는 아무 해가 되지 않고 그 행위자인 자신에게만 큰 해가 되는 행동에 대해 얘기하고 있다. 나는 나쁜 선례를 막아야 한다고 믿는 사람들도 그런 선례에조차 해로운 점보다는 유익한 점이 전반적으로 더 많다고 생각할 수 있게 되리라고 본다. 선례는 잘못된 행동을 보여주면서도 비난받아 마땅한 행동이라면 거의 모든 경우에 수반되기 마련인, 고통스럽고 모멸스러운 결과도 같이 보여주기 때문이다.

사회의 개입이 지닌 이면

순수하게 개인적인 행동에 대중이 개입해서는 안 된다는 논거 중에서 가장 강력한 논거는 대중의 개입이 잘못된 지점에서 잘못된 방식으로 이루어질 공산이 크다는 것이다. 사회도덕이나 타인에 대한 의무 같은 문제들에 대해서 압도적인 다수의 여론이 틀릴 때가 자주 있지만 옳은 때가 훨씬 많은 것 같기는 하다. 그런 문제들의 경우, 그들은 자기 이익, 즉 어떤 행동 방식을 실천해도 괜찮다고 허용했을 때 그들 자신에게 미칠 영향에 관해서만 판단하면 되기 때문이다.

그러나 개인 자신에게만 관계된 행동들의 경우, 비슷한 다수의 여론이라고 해도 소수에게 일종의 법으로 부과하기에는 옳을 때만큼 틀릴 때도 많은 듯하다. 이런 경우에 여론은 기껏해야 타인에게 무엇이 좋고 나쁜지에 대한 몇 사람의 의견일 뿐이고, 심지어는 그마저의 의미조차 없는 때가 너무 많다.

더없이 무관심한 대중은 자신들이 비난하는 행동을 한 사람들의 즐거움이나 편의를 무시하고 자기 선호만을 고려한다. 많은 사람이 자기가 싫어하는 행동은 모두 자신에게 해가 된다고 생각하며 자기감정에 대한 모욕이라고 분개한다. 종교적으로 완고한 광신자가 다른 사람들의 종교적 감정을 무시한다고 비난당하면 도리어 그들을 이상한 교리에 사로잡힌 광신도로 치부하고 자기감정을 무시한다고 반박한다. 그러나 어떤 사람이 자기 의견에 대해 느끼는 감정과 그 의견에 불쾌해하는 다른 사람이 느끼는 감정은 같을 수가 없다.

지갑을 훔치려는 도둑의 욕망과 그 지갑을 지키려는 주인의 욕망이 다르듯이 말이다. 그리고 어떤 사람의 취향은 그의 의견이나 지갑과 마찬가지로 개인 고유의 관심사일 뿐이다.

모든 불확실한 문제에 대해서는 개인의 자유와 선택에 맡기고, 보편적인 경험상 비난받아온 행동 양식만 자제하도록 개인에게 요구하는 이상적 대중 사회를 상상하기란 쉽다. 그러나 대중이 개인을 검열하면서 그 같은 한계를 설정해둔 곳을 어디에서 본 적이 있는가 혹은 대중이 보편적인 경험이라는 것에 대해 고민해본 적은 있는가.

사회가 개인의 행동에 개입할 때에는, 다르게 느끼고 행동하는 개인을 심각한 문젯거리라고 치부할 뿐 다른 생각은 전혀 하지 않는다. 도덕주의자와 사변적인 저술가 중 십중팔구가 이런 판단 기준을 얄팍하게 미화하여 종교적, 철학적 명령인 것처럼 인류에게 제시한다. 이는 어떤 것들이 옳다면 그들이 옳기 때문에, 아니 우리가 그들이 옳다고 느끼기 때문에 옳다고 여기는 것임을 시사한다. 그들은 우리 자신을 포함하여 모든 사람을 한데 묶어줄 행위규범을 우리 자신과 마음속에서 찾으라고 말한다. 가엾은 대중은 이런 가르침을 따라서 선악에 대한 자신의 개인적 감정을 형성하는 것 외에 무엇을 할 수 있을까? 그것조차 자신에게서 나온 선택이 아니라 대외적인 기준에 끼워 맞춘 것일 뿐이다.

여기에서 언급하는 폐해는 이론에서만 존재하는 것이 아니다. 이 시대, 이 나라의 대중이 어떻게 자기가 선호하는 것에 도덕률의 성격을 부적절하게 덧씌우는지 그 예들을 내가 구체적으로 들어주기를 기대하고 있을지 모르겠다. 나는 기존 도덕적 감정의 도착에 대한 글을 쓰고 있는 것이 아니다. 그것은 예시의 형태로 삽입해 논하기에는 너무 무거운 주제다.

다만 내가 주장하는 원칙이 중요하고 실질적인 부분이며 가상의 해악을 전제하고 그것을 막을 장벽을 세우고자 애쓰는 것이 아님을 보여줄 예들은 필요하겠다. 풍속 경찰이라는 것이 활동 영역의 경계를 확장해서 가장 의심할 나위 없이 합법적인 개인의 자유까지 침해하는 행위는 모든 인간의 성향 중에서 제일 보편적인 성향인데, 그 사례가 풍부해서 이를 보여주기란 어렵지 않다.

도덕적 관념과 종교적 신념

첫 번째 예로, 더 나은 근거도 없이 그저 종교적 견해가 다른 사람들이 자신의 종교적 관습, 특히 종교적 금식을 실천하지 않는다는 이유로 품게 되는 반감에 대해 살펴보자. 이를테면 기독교인의 교리나 관행 가운데 돼지고기를 먹는다는 사실만큼 이슬람교도의 증오에 독기를 불어넣는 것도 없다.

기독교인과 유럽인에게는 돼지고기로 배고픔을 해결하는 것이 아무렇지 않은 일이지만 이슬람교도에게는 진심으로 역겹기 그지없는 행동이다. 심지어 그 같은 행동을 이슬람교에 대한 모욕으로 해석하기도 한다. 그러나 아무리 여러 가지 상황을 고려해보아도 그들이 기독교인에게 품는 반감이나 증오심은 설명되지 않는다. 이슬람교에서는 와인도 금지하고 와인을 마시는 행동에 대해 잘못이라고 여기지만 역겨워하지는 않기 때문이다.

이와 대조적으로, '불결한 짐승'의 살코기에 대한 이슬람 교도의 혐오는 그 독특한 성격상 본능적인 반감을 닮아 있다. 감정적으로 불결하다는 생각에 한번 빠져들면 항상 반감을 보이게 된다. 그런 종교적 불결함에 대한 정서는 힌두교도에게도 강렬하게 형성되어 있는데 주목할 만한 사례다.

대다수가 이슬람교를 믿는 나라에서, 그 나라의 국경 안에서는 돼지고기를 금지한다고 가정해보자. 사실 이슬람교 국가에서는 익숙한 이야기다.[26] 하지만 대중 여론이 도덕적 권위를 행사하여 그렇게 하는 것은 정당할까? 그렇지 않다면 그 이유는 무엇일까? 돼지고기를 먹는 것은 그 같은 대중에게 정말로 반역하는 것이다. 또한 그들은 진심으로 그것을 신이 혐오해 금지했다고 생각한다. 그러나 그런 금지를 종교적 박해

---

[26] 봄베이의 파르시교도들의 사례가 여기에 딱 들어맞는다. 이 부지런하고 진취적인 종족은 페르시아에서 불을 숭배하던 조로아스터교도들의 후예로, 칼리프 시대 이전에 조국을 떠나 서인도에 도착했다. 그들은 힌두교 군주들의 종교적 관용 덕분에 소고기를 먹지 않겠다는 조건으로 받아들여졌다. 나중에 이 지역이 이슬람 정복자들의 지배 아래에 들어가자 파르시교도들은 돼지고기를 먹지 않겠다는 조건을 제시하여 또 한 번의 관용을 받았다. 처음 권위에 복종한 것이 제2의 천성이 되어 파르시교도들은 오늘날까지 소고기와 돼지고기 둘 다 먹지 않는다. 종교적으로 금지하는 것은 아니지만 동양에서 관습은 일종의 종교와 마찬가지이므로 그대로 굳어졌다—저자의 원주.

라고 비난할 수는 없다. 그 기원이 종교에 있긴 하지만, 어느 종교도 돼지고기를 먹는 것을 의무로 하지 않기 때문이다. 유일하게 그런 비난의 토대가 될 수 있는 것은 오직 개인에게만 관계된 문제에 대해 대중이 개입해서는 안 된다는 것뿐이다.

영국과 좀 더 가까운 나라인 스페인의 경우를 살펴보자면, 대부분 로마 가톨릭교와 다른 방식으로 신은 숭배하는 행위는 엄청나게 불경한 짓이며 신에 대한 가장 큰 모욕이라고 여긴다. 그래서 다른 방식의 예배는 스페인 땅에서 불법이다. 모든 남부 유럽인은 성직자가 결혼하면 비종교적일 뿐만 아니라 음란하며 추잡하고 상스러우며 혐오스럽게 바라본다.

개신교도들은 그들의 신실하기 그지없는 믿음을 일반 사람들에게도 강요하려는 시도에 대해 어떻게 생각할까? 인류가 타인의 이해관계와 상관없는 일에서도 서로의 자유에 간섭하는 것이 정당화된다면 무슨 원칙으로 이런 경우들을 일관되게 차단할 수 있을까? 혹은 신의 관점에서도 인간의 관점에서도 수치로 여겨질 듯한 일을 금지하고 싶어 하는 사람들을 누가 비난할 수 있을까? 개인적인 부도덕으로 여겨지는 일을 금지할 때 신에 대한 불경으로 간주해 억압하는 것만큼 강력한 방법은 찾아보기 힘들다.

박해자들의 논리, 즉 우리는 옳으므로 타인을 박해할 수 있지만 그들은 틀리므로 우리를 박해할 수 없다는 논리를 채택할 것이 아니라면, 우리 자신에게 적용하면 부당하다고 분개할 원칙들을 받아들일 때는 주의해야 한다.

비이성적이지만, 혹자는 앞의 사례들이 우리에게는 우연히라도 일어날 수 없는 일이라고 항의할지도 모른다. 여론상 이 나라에서는 강제로 고기를 먹지 못하도록 하거나 타인이 어떻게 예배하든, 자신의 신념에 따라 결혼하든 결혼하지 않든 간섭할 것 같지 않기 때문이다.

하지만 다음 예와 같이 개인의 자유를 간섭받을 위험이 완전히 사라졌다고 할 수 없는 실정이다. 미국 뉴잉글랜드와 공화국 시대의 영국에서처럼 청교도들이 강력한 권력을 행사하던 곳에서는 모든 대중적 오락, 거의 모든 개인적 유희를 억누르려고 갖은 애를 썼고, 또 상당한 성공을 거두었다. 특히 음악, 춤, 대중적인 게임이나 그 밖에 오락을 목적으로 하는 모임과 극장이 그에 해당했다.

이 나라에는 여전히 많은 사람이 자신의 도덕적·종교적 관념을 바탕으로 이런 여흥을 비난하고 있다. 그런 사람들은 주로 중산층에 속하는데, 현재 이 왕국의 사회적·정치적 상황에서 지배적인 힘을 행사하고 있다. 이런 정서를 지닌 사람들이 언제고 의회의 다수파를 차지하는 것은 결코 불가능한 일이 아니다. 더욱 엄격한 칼뱅주의자나 감리교도가 자신들의 종교적·도덕적 정서에 부합하는 오락만을 허용한다면 공동체의 나머지 사람들도 그 오락을 즐기고 싶어 할 것인가? 이렇게 주제넘게 간섭하는 독실한 사람들에게 자기 일에나 신경 쓰라고 아주 단호히 말하고 싶지 않겠는가? 어떤 정부나 대중이 자신이 싫어하는 것들을 금지할 자격이 있다고 착각한다면, 이것이 바로 그들에게 우리가 해주어야 할 말이다.

그러나 그런 주장이 원칙으로 인정받는다면 다수파나 다른 지배적인 권력이 그 원칙에 따라 행동해도 이성적으로 반대할 수 없다. 그리고 모든 사람은 뉴잉글랜드의 초기 정착자들이 그랬듯이 기독교 공화국이라는라는 생각에 따를 준비가 되어 있어야 한다. 그들과 유사하게 종교적으로 천명하여 잃어버린 토대를 되찾아야겠다면 말이다. 쇠퇴하고 있는 종교들도 그렇게 하는 것으로 알려져 있다.

도덕적 제재의 딜레마

또 다른 만약을 상상해보자. 아마도 마지막으로 언급한 것보다는 더 현실적으로 와닿을 것이다. 현대 세계에는 대중이 참여하는 정치제도가 갖춰져 있든 없든 민주적인 사회 구조를 선호하는 경향이 강하다. 미국은 이런 경향을 가장 완벽하게 현실화하여 사회와 정부 모두 가장 민주적인 나라라고 할 수 있다. 미국에서는 다수파의 감정이 상당히 효과적인 사치 금지법처럼 작용하는데, 그들이 바랄 수 있는 이상으로 다른 사람이 호사스럽고 고급스러운 삶을 영위하는 데 반감이 크다. 미국의 많은 지역에서는 수입이 엄청난 사람도 대중의 반감을 사지 않고서 돈을 쓰는 방법을 찾기가 정말로 어렵다.

이런 말들은 실제 사실을 상당히 과장해 보여주는 데 지나지 않는다. 그러나 그런 상황은 충분히 상상할 수 있고 가능할 뿐더러, 개인의 소비 방식에 제동을 걸 권리가 대중에게 있다는 개념과 민주적 정서가 결합한 결과이기도 하다.

한 걸음 더 나아가, 우리는 사회주의자의 의견이 상당히 보급됐음도 추측해야 한다. 그 결과, 최소한의 재산 이상을 소유하는 것이나 노동 외에 다른 방법으로 벌어들인 수입에 대해 불명예스럽게 바라보는 인식이 전파됐다. 원론적으로 이와 비슷한 의견들은 이미 장인 계급에 만연하여 그 계급의 주요 의견을 따를 수밖에 없는 구성원들에게 심한 압박으로 작용한다. 많은 산업 분야에 몸담고 있는 다수의 미숙련 노동자가 숙련공과 같은 봉급을 받아야 한다면서, 누구에게도 자신의 숙련된 기술이나 근면한 노력으로 도급이나 다른 일을 추가로 받아 다른 사람보다 더 많이 벌도록 허용해서는 안 된다고 단호하게 주장하고 있다.

그들은 이따금 폭력적으로 변하기도 하는 풍속 경찰을 배치해 숙련 노동자가 일을 더 잘하는 데 대해 더 많은 보수를 받지도, 고용주가 주지도 못하게 한다. 만약 개인의 문제에 관여할 권한이 대중에게 있다면 그런 사람들이 잘못을 저질렀다고 할 수 없다. 일반 대중이 일반 사람들에게 행사하는 권한과 동일한 권한을 개개인이 모인 특정 단체가 그 구성원에게 행사한다고 비난할 수도 없어진다.

그러나 우리는 가상의 사례를 논하는 것이 아니다. 우리 시대에 실제로 개인적 삶의 자유가 총체적으로 침해당하고 있으며, 훨씬 더 심각한 침해가 일어나리라고도 예상된다. 대중이 잘못이라고 생각하는 것은 전부 법으로 금지할 권리뿐만 아니라, 그것을 막기 위해서라면 잘못이 아니라고 여겨지는 일들도 금지할 권리가 제한 없이 대중에게 주어져야 한다는 의견이 나오고 있는 실정이기 때문이다.

메인 법의 한계

음주벽을 예방한다는 명목으로 영국 식민지 한 곳과 미국의 거의 절반에 가까운 지역에서 의료용 목적을 제외하고는 어떤 술도 만들지 못하도록 법으로 금지했다. 판매 금지는 사실 그 사용을 의도적으로 금지하는 것이다. 그러나 이 법을 집행하는 것은 불가능한 까닭에 여러 주에서 이 법을 채택했다가 폐지했다—이 금주법의 발상지는 미국의 메인 주라서 '메인 법'이라고도 한다. 그런데도 그 같은 시도가 이미 이루어져 많은 자칭 박애주의자가 이 나라에 비슷한 법을 제정하려고 엄청난 열성으로 추진하고 있다.

이런 목적으로 연합 혹은 자칭 '동맹(Alliance)'이 결성됐다. 정치인은 원칙에 입각한 의견을 주장해야 한다고 믿는 영국의 몇 안 되는 유명 인사 중 한 사람과 이 동맹의 사무총장 사이에 서신이 오갔는데, 그 내용이 대중에게 공개되어 이 동맹은 악평을 얻었다. 반면 서신에서 스탠리 경이 밝힌 의견은, 정치인으로서 그가 얼마나 드문 자질들을 갖췄는지 잘 아는 사람들이 그에게 걸어온 희망을 한층 굳건히 했다.

동맹의 대표는, "편협한 신념과 박해를 억지로 정당화하려는 원칙들에 깊이 개탄한다"라고 하면서 그런 원칙과 동맹 사이에는 '넘어설 수 없는 큰 장벽'이 있다고 지적했다. 또한 그는, "사상, 의견, 양심과 관계된 모든 문제는 법의 영역이 아닌 것 같다. 사회적 행동, 습관, 관계에 속한 것은 모두 개인이 아닌 국가 자체에 부여된 자유 재량권 아래에 있으므로 법의 영역이 맞다"며 주장을 이어간다.

그런데 제3의 유형, 즉 이 양쪽에 속하지 않는 유형으로, 사회적이지 않은 개인적 행동과 습관에 대해서는 언급하지 않았다. 술을 마시는 행동은 확실히 그 유형에 해당하는데도 말이다. 하지만 술을 파는 행위는 거래이고, 거래는 사회적인 행위다. 그러나 침해에 대한 불만은 판매자의 자유가 아닌 구매자와 소비자의 자유를 근거로 터져 나왔다. 국가가 의도적으로 술을 구하지 못하게 한 것은 술을 마시지 못하게 금지한 것과 같기 때문이다. 하지만 사무총장은 이렇게 말한다.

"나의 사회적 권리가 다른 사람의 사회적 행동에 의해 침해당하는 경우, 시민으로서 관련 법규를 제정하라고 요구할 권리가 있다고 나는 주장한다."

그리고 '사회적 권리'에 대해서는 다음과 같이 정의한다.

"나의 사회적 권리를 침해하는 것이 있다면 그것은 바로 독한 술을 거래하는 것이다. 그런 행위는 지속적으로 사회적 무질서를 형성하고 조장함으로써 안전이라는 나의 기본권을 침해한다. 그런 행위는 비참한 사람들을 만들어내어 이득을 취하고 그들을 내가 낸 세금으로 부양해야 하므로 내 평등권도 침해한다. 내가 나아갈 길을 위험하게 둘러싸면서 사회를 약화하고 비도덕적으로 만들어, 내가 다른 사람들과 서로 돕고 교류할 권리를 누리면서 도덕적·지적으로 자유롭게 발전해나갈 권리까지 침해한다."

그동안 이처럼 명쾌하게 정의를 내린 사람은 없었다. 그가 말하기를, 모든 개인은 다른 모든 개인이 모든 면에서 정확히 자기가 마땅히 해야 하는 대로 행동하도록 요구할 수 있는 절대적 사회적 권리를 지닌다. 아주 작은 행동이라도 여기에 부합하지 못하는 사람은 나의 사회적 권리를 침해하는 것이고, 그로써 나에게는 이를 방지하기 위한 입법을 요구할 자격이 생기는 것이다. 아주 무시무시한 원칙 하나가 자유에 개입하는 어떤 개별 사건보다 훨씬 위험한 법이다.

이 원칙에 따르면 어떻게 자유를 침해하든 모두 정당화할 수 있다. 자기 의견을 마음속에 비밀리에 새기고 절대 발설하지 않는 경우를 제외하면 어떤 자유권도 인정받을 수 없다. 내가 유해하다고 생각하는 의견이 누군가의 입 밖으로 나오는 순간, 동맹이 나에게 부여한 '사회적 권리'가 전부 침해받기 때문이다. 이 원칙에 의하면 모든 인류가 서로의 도덕적·지적,

심지어 신체적 완성에 이해관계가 있고, 그 완성 정도는 그것을 요구하는 각 개인의 기준에 따라 규정된다.

안식일 준수법이 야기한 문제들

개인의 정당한 자유를 단순히 위협한 데서 그치지 않고 오랫동안 불법적으로 침해하는 데 성공해온 중요한 사례가 있는데 바로 안식일에 대한 법이다. 생활 여건이 허락하는 한 보통의 일상적인 직업에서 벗어나 일주일에 하루를 쉬는 것은 유대인을 제외한 다른 사람들까지 종교적으로 구속하지는 못할지라도, 아주 유익한 관습이라는 점에서는 의심할 여지가 없다.

그러나 이 관습은 그 효과에 대해 산업 노동자 계급이 전반적으로 동의하지 않고서는 지켜질 수가 없으므로 즉 일부 노동자가 계속 일한다면 다른 노동자들도 당연히 똑같이 일해야 하므로 법으로 특정한 날을 지정해서 일을 중단하고 쉬도록 했다. 이처럼 다른 사람들도 그 관습을 지키게 함으로써 개인의 휴식을 전체적으로 보장하는 것은 유익한 일일지도 모른다.

하지만 개개인이 안식일을 지키는 것이 다른 사람들의 이익과 직접적으로 관련되어 있다는 근거를 토대로 정당성이 생긴다고 해도, 자신의 여가 시간을 자영업에 쓰는 것이 적합하겠다고 생각하는 사람에게는 적용할 수 없다. 취미 활동에 그러한 법적 제약이 있다면 역시 그 정도가 아주 경미하더라도 타당하지 않다. 누군가가 즐겁게 쉬는 동안 다른 누군가가 나가서 일을 해야 하는 것은 어쩔 수 없다. 꼭 유익하지 않더라도 다수의 즐거움은 소수의 노동만큼 가치 있다. 그 일을 노동자가 자유롭게 선택하여 언제든 자유롭게 그만둘 수도 있다면 말이다.

모든 사람이 일요일에 일한다면 6일분의 봉급을 받고 7일을 일할 수 있다는 직공들의 생각은 전적으로 타당하다. 그러나 대다수가 쉰다면 그들의 즐거움을 위해 소수는 여전히 일해야 하므로 그만큼 더 많은 돈을 받아야 한다. 그러나 그 소수가 여가 시간을 가지고 싶어 한다면 의무적으로 일할 필요는 없다.

추가로 방안을 하나 더 내보자면, 그런 특정 계급의 사람들에게 일주일 중 다른 날에 휴무를 주는 관습을 만드는 것도 괜찮다. 따라서 일요일에 취미나 오락을 즐기지 못하도록 제약하는 유일한 토대는 종교적인 금기뿐이며 이는 결코 법제화의 동기가 될 수 없다.

"신에게 저지른 잘못은 신이 수습한다." 사회나 그 사회의 공직자가 어떤 개인이 타인에게 잘못을 저지르지 않았는데도 전능한 신을 모욕했다고 판단하여 신을 대신해 그에게 복수할 권한을 부여받았는지는 아직 입증되지 못했다. 다른 사람들도 종교적으로 만드는 것이 인간의 의무라는 관념은 이제까지 자행된 모든 종교적 박해의 기반이 되어왔고, 그 관념이 인정받으면 모든 박해는 충분히 정당화될 것이다.

일요일에 기차 여행을 하지 못하도록 하거나 박물관 문도 열지 못하도록 반대하는 감정은 오래전 종교 박해자의 감정처럼 잔인하지는 않지만, 그 정신 상태는 근본적으로 동일하다. 바로 다른 사람들이 자기 종교가 허락하는 것을 지켜 행동했을지라도 박해자의 종교가 허용한 행동이 아니라면 결코 관용하지 않겠다는 결단이다. 또한 신은 불신자의 행동을 증오할 뿐만 아니라 그런 행동을 하는 사람을 비난하지 않고 내버려둘 경우 우리에게도 그 죄가 없지 않다는 믿음에서 비롯한 행동이다.

종교적 이해관계의 쟁점

인간의 자유가 흔히 경시되는 이런 사례들에 반드시 덧붙이는 것이 있는데, 모르몬교가 성행할 때마다 이 나라의 언론이 노골적으로 박해의 언어를 쏟아낸다는 것이다. 신문과 철도와 전보의 시대에 특별한 자질의 '후광'도 없는 창시자가 이른바 새로운 계시를 들고 나와 이를 토대로 종교를 세우고, 사기 행위의 산물임이 분명한데도 수십만이나 되는 사람들이 신자가 되어 한 사회의 근간을 이루고 있는 실정이다. 이 예상 밖의 교훈적인 사실에 대해서는 할 말이 많을지도 모르겠다.

여기에서 우리가 관련되어 있는 것은 이 종교에도 다른 더 나은 종교들과 마찬가지로 순교자가 있다는 사실이다. 예언자였던 이 종교의 창시자는 설교를 하다가 군중에게 죽임을 당했다. 다른 추종자들도 같은 무법자들의 폭력에 목숨을 잃었다. 그들은 자신이 처음 자라난 나라에서 강제 집단 추방을 당했다. 이제 그들은 사막 한가운데 외딴곳으로 쫓겨났는데도 이 나라의 많은 사람이 그들에게 원정대를 보내어 무력으로 진압해야 마땅하다고 공공연히 떠든다. 모르몬교 교리 중에서 종교적 관용의 통상적인 한계선을 비집고 나와 반감을 자극한 것은 주로 일부다처제의 허용이다.

일부다처제가 이슬람교도와 힌두교도, 그리고 중국인들에게는 허용될지라도, 영어를 쓰면서 기독교인이라고 자처한 사람들이 그렇게 했다는 사실 때문에 억누를 수 없는 적대감이 솟구치는 듯하다. 이 모르몬교 관습에 대해 나보다 더 깊은 반감을 가진 사람은 없을 것이다. 바로 자유의 원칙에 전혀 부합하지 않기 때문이다. 그 공동체 중 절반에게는 쇠사슬을 채우고, 그들에 대한 상호 호혜의 의무를 나머지 절반에게서는 해방시켜줌으로써 자유의 원칙을 정면으로 위반했다. 여성 모르몬교도들이 그런 관습으로 고통받는 피해자처럼 여겨질 수도 있지만, 그래도 다른 사람들이 다른 형태의 결혼 제도를 받아들이듯이 이 관계를 자발적으로 받아들였다는 사실을 기억해야 한다.

놀라운 것은 모르몬교의 일부다처제가 세상의 보편적인 생각과 관습을 토대로 설명된다는 점이다. 즉 여성에게는 결혼이 꼭 필요하고, 어느 누구의 아내도 되지 못하는 것보다 여러 아내 중 한 사람이 되는 쪽을 선호하는 편이 똑똑한 처사라는 것이다.

다른 나라들은 그런 결혼을 인정해달라는, 아니면 일부 국민이 법과 상관없이 모르몬교가 주장하는 대로 결혼하도록 내버려둬달라는 요청도 받지 않는다. 그러나 소수자들은 다른 사람들이 스스로 예상한 것보다 더 큰 적대적인 정서를 보이면, 그들의 교리가 받아들여지지 않는 나라를 떠나 지구상의 외진 곳에 자리를 잡고 최초로 정착하는 사람이 된다. 그들이 다른 나라에 전혀 공격성을 보이지 않고 그들의 방식에 만족하지 못하는 사람에게는 언제든 떠나도록 완전한 자유를 허락한다면, 그런 그들까지 자신들이 원하는 법 아래에서 살아가지 못하도록 막는 것은 독재 외에 어떤 원칙으로도 보기 어렵다.

최근 한 작가가 어떤 면에서는 상당히 타당한 제안을 했는데, 일부다처제 공동체에 대항하여 십자군(Crusade) 아닌 '문명군(Civilizade)'을 보내서 문명화에 역행하는 행보에 종지부를 찍자는 골자였다. 나는 그의 말을 어느 정도 수긍하지만, 어느 사회에 다른 사회를 강제로 문명화할 권리가 있는지도 모르겠다.

악법으로 고통받는 사람들이 다른 사회에 도움을 요청한 것이 아닌 한, 직접적인 이해관계에 있는 사람들이 만족하는데도 수천 킬로미터 떨어진 곳에 사는 사람들이 자신과 전혀 상관없는 그들의 제도가 수치스럽기 짝이 없다는 이유로 개입하여 폐지하라고 요구하는 것은 인정하기 어렵다. 그래도 그러고 싶다면 선교사를 보내어 그 제도에 반대하는 설교를 전하면 된다. 그리고 정당한 수단을 사용해 자신들 사이에 그와 유사한 교리가 발전하지 못하도록 억제하는 일도 가능하다— 설교사를 침묵시키는 것은 정당한 수단이라고 할 수 없다.

    야만성으로 가득했던 세상에서 문명이 야만성을 능가하여 우위를 차지했다면, 꽤 오래도록 문명 아래 잠들어 있던 야만성이 다시 부흥해 문명을 정복할까봐 두렵다고 주장하는 것은 지나치다. 어떤 문명이 이미 완패한 적에게 다시 무릎을 꿇게 된다면, 그 문명은 이미 퇴보할 만큼 퇴보하여 성직자와 교사뿐만 아니라 누구에게도 그 문명을 지탱할 역량이 없는 것이다. 이런 경우라면 그 같은 문명은 얼마 못 가서 종말을 통고받게 된다. 차리를 그 편이 낫기도 하다. 그게 아니라면 결국 서로마제국처럼 야만인들이 그 문명을 파괴하고 암흑기를 보내게 될 테니 말이다.

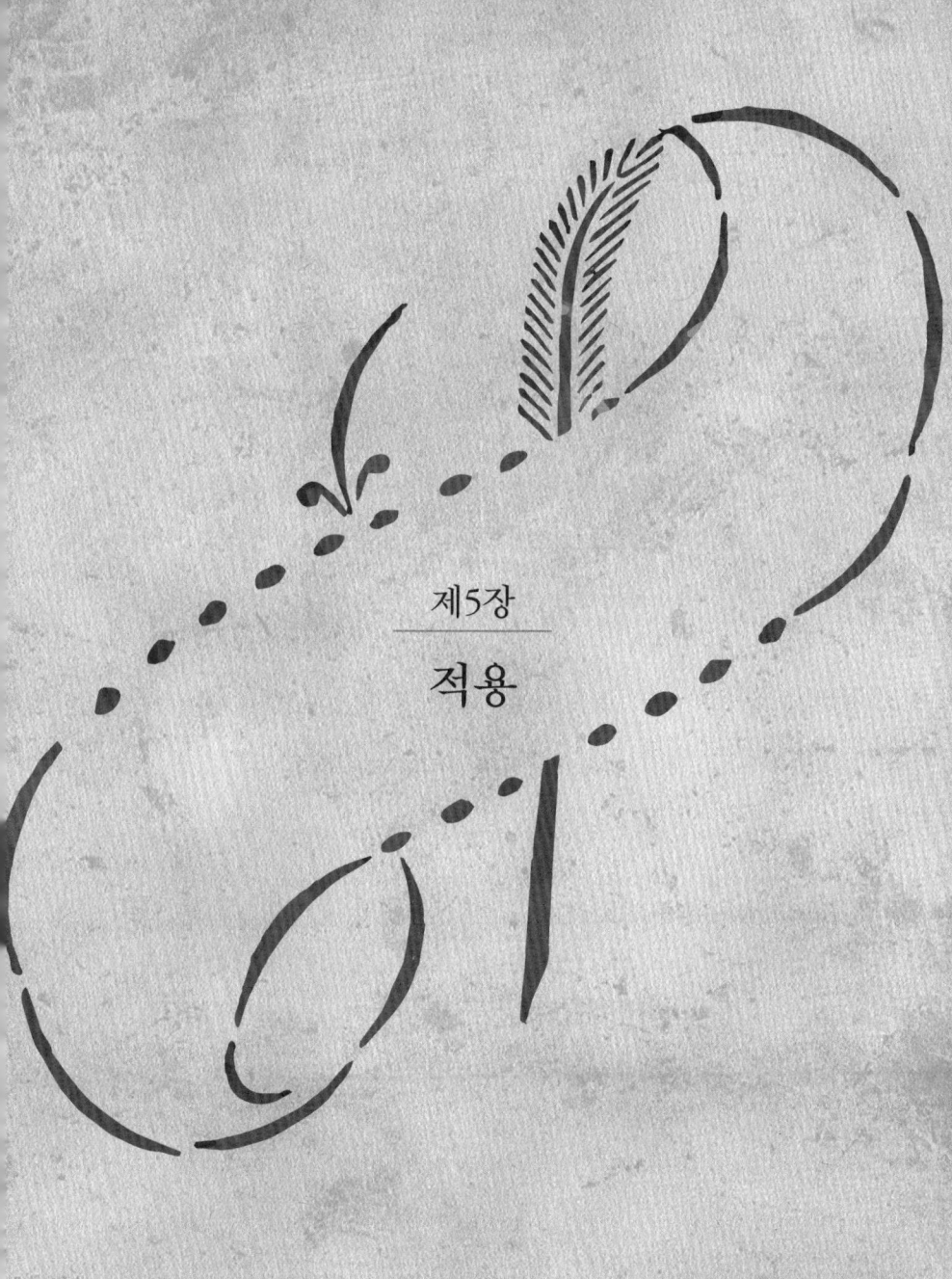

제5장

적용

두 가지 격률과 이해의 대립

이 책에서 주장하는 원리들을 정부나 도덕과 관련된 모든 다양한 분야에 꾸준히 적용하여 조금이라도 이득을 얻기 위해서는, 구체적인 토론을 위한 토대로서 이 원리들이 일반적으로 받아들여져야 한다. 내가 몇 가지 구체적 문제들을 주시하자고 제안하는 것은 이 원리들을 설명하기 위해서일 뿐, 이 원리들이 어떤 결과를 가져올지 추적하기 위해서가 아니다. 나는 그 적용 사례를 너무 많이 들지는 않을 것이다. 이 책의 전체적인 원칙을 이루는 두 가지 격률의 의미와 한계를 한층 분명하게 드러내는 데 기여하는 사례들을 표본으로 제시하겠다.

각각의 경우에 두 격률 중 어느 것을 적용하는 편이 나을지 의구심이 생길 때마다 그 둘 사이에서 균형 잡힌 판단을 하도록 도와줄 것이다.

두 가지 격률 중 첫째, 개인은 자기 행동이 자신을 제외한 타인의 이해관계에 아무런 영향도 미치지 않을 경우에는 사회적으로 책임지지 않는다. 다른 사람들은 자신들의 이익에 따라 필요하다고 판단할 경우에 충고와 지도를 동원하거나 그와는 아예 상종하지 않을 수 있는데, 이것은 사회가 개인의 행동에 대해 혐오와 반감을 정당하게 표현할 수 있는 유일한 수단이다. 둘째, 그런 행동이 타인의 이해관계에 해가 되는 경우에는 개인이 책임을 지며, 사회가 보호를 위해 필요하다고 판단하면 그 개인에게 사회적 처벌이나 법적 처벌을 내릴 수 있다.

우선 타인의 이익을 해치거나 해칠 가능성이 있는 경우에만 사회가 정당하게 개입할 수 있지만, 그렇다고 해서 그런 개입이 항상 정당하다고 여겨서는 안 된다. 많은 경우에 개인이 합법적인 목표를 추구하다가 불가피하지만 적법하게 타인에게 고통이나 손실을 가하고, 그들이 합리적으로 얻기를 바라는 이득을 가로채는 일이 발생할 수 있다.

개개인 사이에 이렇게 이해관계가 상반되는 것은 종종 잘못된 사회제도 때문이지만 그런 제도가 지속되는 한 불가피하고, 어떤 사회제도에서도 피할 수 없는 현상도 일부 있다. 사람이 너무 많이 몰리는 직업이나 경쟁시험에서 성공한 사람, 양쪽 다 갈망하는 목표를 두고 경쟁하여 상대방을 누르고 선택받은 사람은 어쩔 수 없이 타인의 손실, 그들의 실망을 대가로 그 혜택을 누리는 것이다.

그러나 사람들이 이런 결과에 구애받지 않고 자기 목표를 추구하는 것이 인류의 전체적인 이익을 위해 더 나은 일이라는 데는 모두가 동의한다. 다시 말해서 그런 경쟁에서 실패한 사람에게 사회는 이런 유형의 피해에 대해 면책해달라고 요구할 권리를 법적으로든 도덕적으로든 전혀 인정하지 않는다는 뜻이다. 사회는 경쟁에서 성공한 사람이 이를테면 사기나 배신, 물리력처럼 허용하기 어려운 수단을 썼을 경우에만 개입할 필요를 느낀다.

'자유 거래'의 배경과 역사

다시 말하지만 상거래는 사회적 활동이다. 누가 어떤 종류의 제품을 대중에게 팔든 간에 그 행위는 타인의 이익에 영향을 미치고, 그 영향이 사회의 이익으로도 이어진다. 그래서 그 사람의 행위는 원칙적으로 사회의 법률적 관할에 놓인다. 따라서 중요하게 여겨지는 모든 경우에 가격을 책정하고 생산 과정을 통제하는 것이 한때는 정부의 의무로 간주되기도 했다. 그러나 많은 시행착오를 경험하고 지금에야 비로소, 값싸면서도 양질의 상품이 가장 효과적으로 제공되려면 생산자와 판매자가 완전히 자유로워야 한다는 사실을 깨닫게 됐다. 그들이 어디에서 상품을 공급하든 소비자를 대상으로 동등한 자유를 누린다는 한 가지 조건만 보장된다면 말이다. 이것을 '자유 거래'의 원칙이라 부른다.

이는 이 책에서 주장하는 개인의 자유라는 원리와는 다른 토대에 근거하지만 그 토대가 확고하기는 매한가지다. 거래, 혹은 거래를 목적으로 생산한 제품에 규제를 가하는 것은 정말로 자유를 제한하는 것이고, 모든 제한은 '그 자체로' 해악이다. 문제의 제한은 사회가 제한할 수 있는 일부 행동에만 영향을 미치고, 그렇게 제한한다고 실제로 의도한 결과로 이어지는 것도 아니므로 나쁜 것이다.

개인의 자유 원리는 자유 거래의 원칙과 관계없는 것처럼 자유 거래의 원칙상 한계에 관해서 제기되는 문제들도 대부분 개인의 자유 원리와 별 관계가 없다. 예를 들어, 불량품으로 사기를 치지 못하도록 예방하려면 공적 통제는 어느 정도까지 허용할 수 있을까? 위생 대책이나 위험 직군에서 일하는 사람들을 보호하기 위한 제도를 고용주에게 어느 정도까지 강제해야 할까? 이런 질문들은 '다른 조건이 모두 동일하다면', 사람들을 통제하기보다는 자기 생각대로 하도록 맡겨두는 편이 항상 더 낫다는 점에서만 자유를 고려하게 한다. 그러나 그런 목적을 위해서라면 합법적으로 사람들을 통제할 수 있다는 것도 원칙적으로는 부정할 수 없다.

다른 한편으로는 거래에 개입하는 것과 관련해 문제들이 제기되는데 이는 본질적으로 자유에 대한 질문이다. 앞에서 이미 언급한 메인 법, 중국의 아편 수입 금지, 독약 판매에 대한 규제 같은 것이 바로 그것이다. 간단히 말해서 모든 경우에 개입의 목적은 특정한 상품을 구하지 못하거나 구하기 힘들게 만들려는 것이다. 이런 개입은 생산자나 판매자의 자유를 침해한 것이 아니라 소비자의 자유를 침해한 것이므로 이의가 제기될 수 있다.

이 중에서 독약 판매에 관해서는 새로운 질문이 한 가지 제

기된다. 경찰의 역할에 어느 선까지 한계를 두어야 적절할까? 즉 범죄 혹은 사건의 방지를 위해 경찰은 합법적으로 자유를 어느 정도까지 침해할 수 있을까? 범죄를 감지하고 사후에 처벌하는 것뿐만 아니라 사전에 예방하는 것도 정부의 기능 중 하나라는 데는 논쟁의 여지가 없다.

하지만 정부의 예방 기능은 처벌 기능보다 더 남용되고 자유에 악영향을 끼치기 훨씬 쉽다. 인간이 자유롭게 행동하도록 합법화한다면 이런저런 형태의 비행에 대비해 시설을 늘리는 것으로 이어질 여지가 있기 때문이다. 그렇긴 해도 누군가가 범죄를 꾀하는 것이 분명하다는 사실을 공권력, 아니면 어느 한 개인이라도 파악한다면 범죄가 일어날 때까지 소극적으로 지켜봐야 하는 것이 아니라 예방을 위해 개입할 수 있다.

살인을 청부할 때를 제외하고 독약을 구입할 일이 없다면, 혹은 다른 용도로는 사용할 일이 결코 없다면 독약의 제조와 판매를 금지하는 것이 옳다. 하지만 무해할 뿐만 아니라 유용한 용도로도 독약을 구할 수 있으므로 그 용도에 따라 운용하지 않고 일률적으로 규제할 수는 없다.

예방을 위한 통제

다시 말하지만 사고를 방지하는 것은 공권력의 정당한 임무다. 누군가가 안전하지 않다고 확인된 다리를 건너려는 모습을 공직자나 다른 사람이 봤는데 그에게 위험을 알릴 여유가 없다면 그 사람을 붙잡아 돌려세울 수 있다. 이는 그 사람의 자유를 실질적으로 침해한 것이 아니다. 자유는 자신이 원하는 대로 하는 것인데 그 사람이 강으로 추락하고 싶어 하지는 않을 것이기 때문이다.

피해가 있으리라는 확신은 없고 피해가 생길 위험성만 있다면 스스로를 위험에 빠트릴 수 있는 일을 꼭 해야 하는지, 그 동기가 얼마나 충분한지에 대해서는 당사자 자신을 제외한 누구도 판단할 수 없다. 어린아이거나, 정신착란 상태이거나, 의사표현을 제대로 할 수 없는 처지가 아니라면, 그 사람에게 위험하다고 경고해주는 정도에서 그쳐야 한다고 나는 생각한다. 그 사람이 위험에 노출되지 않도록 강제로 막아서는 안 된다.

이것을 독약을 파는 문제에도 적용해본다면 우리는 어떤 방식으로 규제해야 자유의 원리와 충돌하지 않는지 판단할 수 있다. 예를 들어 독약의 위험성을 알리는 문구를 약병에 붙여서 미리 경고하도록 하는 것은 강제로 자유를 침해하는 행위가 아니다. 소비자가 자신이 사는 약물에 독성이 있는지 알고 싶지 않을 리가 없기 때문이다. 하나의 수단으로 구입하려는 사람에게 매번 의사의 확인서를 요구하면 합법적인 용도로 약물을 구할 때도 항상 가격이 비싸서 때로는 구입하는 것조차 불가능해질 것이다. 다른 용도로 독성 물질을 얻고자 하는 사람들의 자유를 침해하지 않으면서도 이 독성 물질을 수단으로 범죄를 저지르기 어렵도록 하는 것은 다음과 같은 방법이 유일해 보인다.

제러미 벤담의 적절한 용어를 빌리자면 '법으로 미리 정해놓은 증거(Preappointed evidence)'를 제시하도록 하는 것이다. 계약에 관여해본 사람이라면 이 조항에 익숙할 것이다. 계약에 들어갔을 때 법은 계약 이행을 위해 강제하는 조건으로 다음과 같은 형식적 절차를 요구한다. 서명과 증인의 입회 및 연서 그리고 차후에 분쟁이 발생하면 이 계약이 정말로 체결됐으며 그 상황에서 법적으로 문제의 소지가 없었음을 입증해줄 만한 이외의 증거가 갖춰져야 한다.

이는 허위 계약, 혹은 적발되면 합법성이 없어서 무효화될 계약을 사전에 체결되지 못하도록 막는 데도 효과적이다. 범죄 도구로 사용될 소지가 있는 물건의 판매도 이와 같은 성격의 사전 예방조치를 강제할 수 있다. 예를 들어 판매자에게 정확한 거래 시기, 구매자의 이름과 주소, 판매한 물건의 정밀한 품질과 수량, 그리고 구매자에게 무슨 목적으로 그 물건을 구입하려는지 묻고서 그 대답까지 기록하게 하는 것이다.

처방전이 없을 때는 제삼자를 동석하게 하는데, 그러면 나중에 그 약품이 범죄에 쓰였을 경우에 그것이 다 드러날 거라는 사실을 구매자에게 주지시킬 수 있다. 이런 규제는 일반적으로 물건을 구하는 데 물리적인 장애로 작용하지 않는 한편, 누구에게도 들키지 않은 채 그 물건을 부적절하게 사용하지 않도록 방지하는 용도로는 심사숙고할 만하다.

격률의 한계

범죄를 막기 위해 사전 예방조치를 취할 권리가 사회에 있다는 것은, 순전히 개인에게만 관련 있는 잘못된 행동에 대해서는 예방이나 처벌의 형태로 개입할 수 없다는 격률의 한계를 분명하게 드러내는 것이다.

음주를 예로 들자면 보통의 경우에는 법적으로 개입하기에 적합한 일이 아니다. 그러나 술에 취한 채 타인에게 폭력을 휘둘러 유죄를 받은 전력이 있는 사람이라면 그 사람에게만 해당하는 특별한 법적 규제를 하는 것도 완벽하게 합법적이라고 여겨진다. 나중에 그가 술에 취한 모습이 발견되면 벌금을 내도록 하고, 그 상태에서 또 다른 폭력을 휘둘렀다면 혹독한 가중처벌로 책임지게 해야 한다. 술에 취해 다른 사람에게 해를 끼칠 가능성이 큰 인물은 술을 마시는 것만으로도 다른 사람들에게 범죄를 저지르는 것이 된다.

한편 어떤 사람이 사회로부터 지원을 받고 있거나 그가 게으름을 피우는 것이 계약 위반이 되는 경우가 아니라면, 법적으로 처벌할 수는 없다. 그러나 게으름 때문이든 다른 이유 때문이든 어떤 사람이 자녀 부양 같은 자신의 법적 의무를 이행하지 않고, 그 의무를 이행하도록 하는 다른 수단이 없다면 강제력을 가하는 것은 폭정이 아니다.

다시 말하지만, 행위자 자신에게만 직접적으로 해가 되는 행동이 많은데, 법적으로 금지해서는 안 되지만 공공연하게 행해지는 경우에는 미풍양속을 해치고 타인을 불쾌하게 하여 해를 입히는 범주에 속하게 되므로 정당하게 금지할 수도 있다. 예절에 어긋나는 행동이 여기에 속한다. 우리가 다루는 주제와는 간접적으로만 연관되어 있기에 자세히 살필 필요는 없다. 다만 많은 행동이 그 자체로는 비난의 대상이 아니고 그렇게 여겨져서도 안 되지만 공개적으로 행해질 때는 강력한 반대에 부딪힐 수 있다는 점은 유념하자.

사회의 개입 범위

지금까지 논의한 원리들의 연장선에서 반드시 해답을 찾아야 하는 질문이 또 있다. 개인의 행동이 비난할 만하다고 해도 그 해악이 직접적으로 초래하는 결과가 행위자 자신에게만 전적으로 돌아가는 경우, 자유를 존중하는 사회에서는 그런 행동을 하지 못하도록 막거나 처벌하지 못한다. 그렇다면 행위자에게 그처럼 행동할 자유가 있으니, 다른 사람들에게도 그 사람한테 어떤 행동을 조언하거나 부추길 자유가 똑같이 있는 것일까?

대답하기 어려운 질문이다. 누군가가 타인에게 어떤 행동을 하도록 권유하는 것은 엄밀히 자기 자신에게만 관계된 행위가 아니다. 누군가에게 조언하거나 동기를 제공하는 것은 사회적 행동이고, 따라서 일반적으로 타인에게 영향을 미치는 다른 행동들처럼 사회적 통제를 받는 것이 당연해 보인다. 하지만 조금 더 숙고해보면 그러한 최초의 생각이 잘못됐다는 것을 알게 된다. 개인의 자유라는 정의에 해당하지는 않을지라도, 개인의 자유라는 원리의 토대가 된 근거들이 그 행동에 적용될 수 있기 때문이다.

무엇이든 자신에게만 관계된 일에서 위험부담을 스스로 감수하고, 자신의 이익에 부합한 행동을 취하는 것이 사람들에게 허용돼야 한다면, 어떻게 행동하는 것이 적절한지에 대해서 의견을 교환하고 제안을 주고받으며 서로 자유롭게 상의하는 것도 똑같이 허용돼야 마땅하다.

어떤 행동을 허용한다면 그 행동을 하도록 조언하는 행위도 허용해야 한다. 하지만 조언을 통해 개인적 이득을 얻으려는 경우에는 논쟁의 여지가 있다. 특히 사회와 국가가 해악으로 여기는 일을 부추기거나 생계나 금전적 이익을 위해 직업적으로 행할 경우에는 그 허용 범위에 대해서 계속된 논의가 필요하다.

그렇다면 복잡한 요소가 새로 하나 더해지는 셈이다. 공공

복리로 여겨지는 것과 반대되는 이익을 추구하면서 그 생활 방식도 그에 반하는 사람들로 이루어진 계급에 대해서는 개입이 필요한가, 아닌가와 같은 논점이 있다. 예를 들어 간음을 관용해야 한다면 도박도 마찬가지로 그래야 한다. 그러나 포주가 되거나 도박장을 운영할 자유도 허용해야 할까? 이 경우는 두 가지 원리의 경계선에 놓여 있어서 어느 것을 따를지 곧바로 가려낼 수 없다.

양쪽 다 근거가 있다. 관용하는 쪽에서는 어떤 일이든 직업으로 삼아서 삶을 영위하고 이익을 얻는 것은 범죄가 아니므로 그렇다면 허용해야 할 것이라고 말할지 모른다. 또 이렇게들 말할 수 있다. 그런 일은 일관되게 허용하든지 금지하든지 해야 한다.

지금까지 우리가 옹호해온 원리들이 진리라면 사회는 오직 개인에게만 관계된 일일 경우 무슨 일이든 그에 대해서는 '사회이므로' 잘못됐다고 판단할 권리가 전혀 없다. 그래서 사회는 설득하는 것 이상을 할 수 없다. 한 사람에게 설득할 자유가 있어야 하는 것처럼 다른 사람에게 만류할 자유도 있어야 한다.

이와 대조적으로, 개인의 이익에만 영향을 미치는 이런저런 행동이 올바른지, 그릇됐는지에 대해 억압이나 처벌을 목적으로 판단할 권한이 대중이나 국가에 없을지라도, 그 행동이 나쁘다고 여겨질 경우에는 최소한 실제로 나쁜지, 그렇지 않은지를 논쟁에 부치는 정도는 충분히 정당하다.

그렇다면 대중이나 국가가 공정하지 않은 사람들, 즉 개인적으로 한쪽에 직접적인 이해관계가 있어서 국가가 나쁘다고 판단하는 편에 서 있는 사람들, 그래서 오로지 개인적인 목적을 위해 그런 행동을 명백히 조장하는 사람들의 사심 가득한 선동을 차단하려고 노력하는 것이 잘못이라고 할 수는 없다. 자기 이득을 목적으로 부추기는 사람들의 술책에서 최대한 벗어나서 개개인이 자기 설득 과정에 따라 현명하게든 어리석게든 선택하도록 하면 당연히 잃을 것도, 이익의 희생도 없을 것이라고 주장할 수도 있겠다.

따라서 불법 게임을 조장하는 규정은 옹호할 여지가 전혀 없을지라도 모든 사람은 자기 집이나 타인의 집, 혹은 회원들의 회비로 개장하여 회원들과 그들이 초청한 사람들만 입장할 수 있는 장소라면 어디에서든 자유롭게 도박할 수 있는데, 그래도 공공 도박장을 허용해서는 안 된다(고 말할지 모른다.)

공공 도박장을 금지한다고 해도 실효성은 별로 없고, 아무리 경찰에게 강제력을 주더라도 공공 도박장은 항상 다른 모습으로 유지되고 있는 실정이다. 그러나 공공 도박장이 어느 정도 비밀리에 은밀하게 운영되도록 강제하여 도박장을 찾는 사람들 말고는 아무도 알아차리지 못하게 만들 수는 있다. 사회는 그 이상을 목표해서는 안 된다.

이 주장에 따르면 정범은 처벌을 면하도록 허용하고 종범은 처벌하는, 즉 매춘이나 도박을 한 사람이 아니라 포주나 도박장 운영자에게만 벌금을 매기거나 수감하는 도덕적 변칙이 충분히 정당화되는지에 대해서는 감히 판단하지 않을 것이다. 하물며 이와 유사한 근거를 토대로 물건을 사고파는 일반적 활동에 개입하는 것은 더욱 말이 안 된다.

사람들이 사고파는 거의 모든 품목이 과도하게 소비될 수 있고, 판매자는 그런 과소비를 부추겨 금전적 이익을 얻는다. 그러나 이런 논리를 바탕으로 메인 법 같은 주장에 찬성할 수는 없다. 독한 술을 거래하는 판매상은 주류가 많이 팔릴수록 이익이지만 반드시 합법적인 용도로 팔도록 요구받기 때문이다. 그렇다 하더라도 주류 판매상이 이익을 목적으로 폭음을 조장하는 것은 진정한 해악이므로 국가가 규제를 가하고 조치를 요구하는 것은 정당하고, 그로 인해 개인의 합법적인 자유가 침해될 수도 있을 것이다.

개인의 자유를 침범하는 규제

여기서 또 한 가지 문제는, 국가가 어떤 행동이 행위자에게 최선의 이익이 되지 않는다고 간주하면서도 그 행동을 허용하는 한편으로 간접적으로는 그렇게 행동하기 어려워지도록 해야 하는가에 관한 것이다. 예를 들어 술값을 더 비싸게 책정하거나 판매 장소의 수를 제한하여 술을 구하기 어렵게 만드는 조치를 취해야 할까? 다른 실질적인 문제들과 마찬가지로 이에 대해서도 다각도로 살펴볼 필요가 있다.

술을 구하기 힘들게 하려는 목적으로 세금을 부과하는 것은 판매를 전면적으로 금지하는 것과 그 정도만 다를 뿐 별반 차이가 없는 조치로, 전자가 정당하다면 후자가 정당할 것이다. 가격을 인상하는 것은 그만큼 수입이 늘지 않는 사람에게는 술을 금지하는 것과 같고, 수입이 늘었다고 해도 특정 기호를 충족하는 데 벌금을 내는 셈이 된다. 국가와 타인에 대해 법적·도덕적 의무를 이행한 뒤라면 개인이 어떤 쾌락을 선택하든, 자기 소득을 어떤 방식으로 쓰든 각자의 문제이므로 개인의 판단에 맡겨야 한다.

이렇게 고찰하면 일견 정부가 세입을 목적으로 술을 특별 과세 대상으로 지정하는 것을 비난하는 것처럼 보일 수 있다. 그러나 국가 재정을 충당할 목적으로 조세를 부과하는 것은 전적으로 불가피하고, 대부분의 나라에서 과세의 상당 부분을 간접세가 차지할 수밖에 없다는 사실을 기억해야 한다. 따라서 어떤 소비재를 사용하는 데 국가가 벌금과도 같은, 그래서 누군가에게는 금지하는 것과 마찬가지인 세금을 부과할 수밖에 없는 것이다.

국가는 세금을 부과할 때 소비자들에게 딱히 없어도 무방한 물품, '한층 강력한 이유로' 적정량 이상을 사용하면 분명히 해가 될 것으로 판단되는 물품을 우선적으로 선정할 의무가 있다. 만일 주류 과세를 통한 세입이 국가에 꼭 필요하다고 가정한다면, 이러한 과세 정책을 인정할 수 있을 뿐만 아니라 찬성도 할 수 있는 일이다.

이런 물품을 판매하는 것이 거의 배타적 특권이 되기도 하는데, 이와 관련한 문제의 경우에는 규제를 통해 달성하려는 목적이 무엇이냐에 따라 그 대답이 달라져야 한다. 공공장소처럼 사람이 붐비는 장소에는 경찰의 통제가 필요하다. 그런 곳에서는 반사회적인 폭력이 발생하기가 쉽기 때문이다. 그러므로 문제의 물품을 판매하는 권한—그 자리에서 소비하는 물품인 경우—을 잘 알려진 사람이나 훌륭한 행동으로 인정받는 사람에게만 부여하는 것, 개점시간과 폐점시간을 제한하여 대중이 감시하도록 하는 것, 주인의 묵인이나 무능력으로 치안을 불안하게 만드는 일이 반복적으로 생기거나 그곳에서 법에 저촉되는 행위가 모의되고 준비될 경우에 판매 면허를 취소하는 것은 적절한 일이다.

더 이상의 추가 규제에 대해서는 나는 원칙적으로 정당화될 수 없다고 생각한다. 가령 술집과 주류점의 수를 제한하여 술에 접근하기 한층 어렵게 만들고 그런 유혹에 노출될 기회를 줄이고자 한다면, 일부 사람이 그런 시설에 자주 들락거린다는 이유로 모든 사람이 불편해지는 셈이다. 또한 이는 노동계급을 명백하게 어린아이나 야만인으로 취급하여 그들이 장차 자유라는 특권을 누리기에 어울리는 사람이 될 때까지 자제하도록 훈련시키는 사회에서나 적합한 일이다.

자유국가라면 그런 원리를 토대로 노동계급을 공공연하게 지배하지 않는다. 사람들에게 자유에 대해 교육하고 자유인

에 걸맞도록 통치하는 데 모든 노력을 다 소진한 후에도 결국 사람들은 어린아이처럼 통치받을 수밖에 없다는 것이 확정적으로 입증된다면 모를까, 자유의 가치를 제대로 아는 사람이라면 누구도 그런 식으로 통치받는 데 동의하지 않을 것이다. 대안으로 제시한 것을 있는 그대로 살펴봐도, 여기에서 고려할 필요가 있는 경우들에 그 같은 노력이 기울여졌다고 가정하는 것은 터무니없다는 사실이 드러난다.

이 나라의 제도들은 모순적이기 그지없어서 독재 정치, 소위 온정주의 정치 체제에서나 일어날 일들이 인정되어 실행에 옮겨지는 한편으로, 전반적으로는 자유를 지향하므로 도덕 교육의 일환으로 실제로도 효과적인 규제를 가하는 데 필요한 지배력은 인정하지 않는다.

자유의 한계

이 책의 앞부분에서 나는 오로지 개인에게만 관계된 문제에 대해서는 개인의 자유가 보장돼야 한다고 지적했다. 이는 복수의 개인이 모여서 다른 사람들과는 전혀 관계없이 그들 자신과만 관계된 일을 논의할 때도 상호 동의에 따라 조율할 자유도 보장돼야 한다는 의미다. 이 문제의 경우에는 그렇게 모인 구성원 모두의 의지가 변하지 않는 한 어려움이 발생하지 않을 것이다.

다만 의지라는 것은 변할 수 있으므로 해당 집단과만 관계된 일이라도 상호 계약을 맺을 필요가 종종 생긴다. 이렇게 계약이 성립된 경우에는 그 계약에 따르는 것이 일반적인 규칙이다. 그러나 아마도 모든 나라에서는 일반적인 규칙에 대해 법으로 일부 예외를 두고 있을 것이다.

사람들은 자신과 상관없는 제삼자의 권리를 침해하는 계약에 대해서는 준수하지 않아도 될 뿐만 아니라, 자기 자신에게 해가 되는 계약에서도 풀려날 수 있다. 예를 들어 이 나라와 다른 문명국에서는 자신을 노예로 팔거나 팔리도록 허용하는 계약을 맺어도 무효이므로 법으로도 여론으로도 그렇게 하도록 강제하지 못한다.

자기 인생과 관련된 운명을 자유의사로 처분하지 못하도록 제한하는 근거는 이처럼 극단적인 경우에서 보이듯 아주 명백하다. 다른 사람들을 위해서가 아닌 한 개인의 자발적 행동에 개입하지 않는 이유는 바로 그 개인의 자유를 고려하기 때문이다. 그가 자발적으로 선택했다는 것은 다음과 같은 사실을 증거한다. 그 선택이 자신에게 바람직하거나 적어도 감내할 만한 것이라는 의미이고, 그래서 그가 자신만의 수단으로 자기 선택을 추구하도록 허용하는 것이 당사자인 그에게 대체로 최선의 이익을 가져다준다는 사실 말이다.

그러나 자신을 노예로 팔아버리는 행위는 자기 자유를 포기하는 것이다. 단 한 번의 행동으로 끝나지 않고 미래에 자유로울 수 있는 기회까지 버리는 것이다. 그 결과, 자신을 처분하는 행위도 허용해 정당화하려는 바로 그 목적에도 그는 부합하지 않게 된다. 그에게는 더 이상 자유가 없으므로, 그때부터 그는 자발적으로 그런 상태에 머물러 있다는 가정도 더 이상 적용할 수 없는 처지가 된다.

자유의 원리는 자유롭지 않을 자유까지 요구하지는 않는다. 자유를 양도해도 되도록 허용하는 것은 자유가 아니다. 노예 계약이라는 이 특별한 경우에서 한층 두드러지기는 해도, 이런 근거들은 분명히 훨씬 포괄적으로 적용된다. 하지만 한계는 어디에나 삶의 필요에 따라 설정되기 마련이다.

이는 우리가 자유를 단념해야 한다는 것이 절대 아니라 이 자유와 그에 주어질 수밖에 없는 다른 한계에 동의하기를 지속적으로 요구하는 것이다.

하지만 행위 당사자에게만 관계된 모든 일에서 행동의 무한한 자유를 요구하는 원리에 따르면, 제삼자와 전혀 관계없는 일에서 계약을 통해 서로에게 의무를 지게 되는 사람들은 그 계약을 자유롭게 해지할 수 있어야 한다. 심지어 이런 자발적 해지가 없더라도 철회할 자유가 있어서는 안 된다고 감히 말할 수 있는 계약이나 약정은 없을 것이다. 이때 돈이나 돈의 가치에 상당하는 것이 걸려 있는 계약이나 약정은 제외하고 말이다.

빌헬름 폰 훔볼트 남작은 내가 이미 인용한 훌륭한 책에서 개인적인 관계나 봉사를 포함하는 계약들의 경우 정해진 기간이 지나면 법적 구속력이 사라져야 한다고 명백하게 밝혔다. 그중에서 가장 중요한 계약이 바로 결혼인데, 양 당사자의 감정이 결혼에 이를 만큼 화합하지 않으면 결혼이라는 목적은 좌절되는 특이성을 지닌다. 따라서 결혼을 끝내기 위해서는 둘 중 어느 한 사람이라도 자기 의사를 분명히 밝히는 이상의 것을 요구하지 않아야 한다는 것이다.

이 주제는 아주 중요하고 너무 복잡해서 여담으로 잠깐 논의하고 말 내용이 아니지만, 내가 설명하는 데 필요한 만큼만 조금 다루기로 한다. 훔볼트 남작은 자기 책에 간명한 일반론을 담은 탓에 그 전제들에 대한 토론 없이 자기 결론을 밝혀버리는 데 만족할 수밖에 없었지만 만일 그러지 않았다면 그렇게 단순한 근거들을 토대로 결정할 수 있는 문제가 아니라는 것을 분명히 인식했을 것이다.

도덕적 의무와 자유의 허용 범위

어떤 사람이 명시적인 약속이나 행동을 통해 자신이 특정한 방식으로 계속 행동할 것임을 타인이 알도록 하여 그 사실에 의존하도록 조장한다면, 즉 타인이 그런 기대를 품고 계산기를 두드린 끝에 그 같은 추정을 토대로 자기 삶의 어느 부분을 걸었다면 그에게는 타인에 대한 도덕적 의무들이 새로 생겨난다. 이를 뒤엎을 수 있을지는 몰라도 마냥 무시할 수는 없다.

다시 말하지만, 두 계약 당사자 사이의 관계가 다른 사람들에게 영향을 미친다면, 제삼자들이 특정한 상황에 놓이게 만들거나 결혼처럼 제삼자들을 참석시킨다면 두 계약 당사자 모두에게 제삼자들에 대한 의무들이 생겨나게 되는데, 의무의

 이행이나 그 이행 방식은 두 계약 당사자의 관계가 지속되느냐, 깨지느냐에 따라 엄청난 영향을 받을 것이 틀림없다.

 그런 의무들 때문에 당사자가 계약을 유지하고 싶지 않은데도 계약을 이행하기 위해 자기 행복을 희생시키기에 이른다면 그것에는, 나 역시 따를 수도, 인정할 수도 없다. 그러나 그런 의무들은 이 문제를 살펴볼 때 꼭 필요한 요소다. 훔볼트의 주장처럼 그런 의무들이 양 당사자가 계약에서 풀려날 법적 자유에 아무런 영향도 주지 않아야 하지만—나도 또한 그런 의무들이 별 영향을 미치지 않아야 한다고 생각하지만—'도덕적' 자유에는 부득이하게 엄청난 영향을 미칠 수밖에 없다.

이처럼 타인의 중요한 이해관계에 영향을 미치는 걸음을 내딛기 전에 이런 모든 사정을 고려할 의무가 있다. 만약 그 이해관계를 제대로 살피지 않으면 그 잘못에 대해 도덕적인 책임을 지게 될 것이다. 이렇게 빤한 이야기를 언급하는 것은 자유의 일반 원리를 더욱 잘 설명하기 위해서다. 이를테면 아이들의 이해관계가 가장 중요하고 어른들의 이해관계는 전혀 중요하지 않은 특정한 경우와는 구별될 필요가 있다. 자유에 대해서는 보편적으로 인정받는 원리가 없기 때문에 자유를 인정해 줘야 할 곳에서는 자유가 주어지지 않고, 자유를 허용하지 말아야 할 곳에서는 자유가 주어지는 일이 자주 벌어진다고 여러 번 언급했다.

지금 유럽에는 자유의 정서가 널리 퍼져 있는데, 그 가운데서 완전히 잘못된 결과를 초래하는 경우도 있다. 개인에게는 자신과 관련된 일에서 자기가 하고 싶은 대로 행동할 자유가 있어야 한다. 그러나 타인의 문제가 곧 자기 문제라는 구실로 그 사람을 위한답시고 자신이 하고 싶은 대로 좌우할 자유까지는 없다.

개인의 행복과 국가의 의무

국가는 각 개인 자신에게만 특별히 관계된 일에 대해서는 각자의 자유를 존중해줘야 하지만, 다른 사람들에 대해 소유하고 있는 권한을 개인이 행사할 때는 엄중하게 경계하고 통제해야 할 의무가 있다. 그런데도 가족 관계의 경우에는 국가가 이런 의무를 완전히 소홀히 하고 있다. 다른 모든 관계를 합친 것보다도 더 중요한 경우로, 인간의 행복에 직접적인 영향을 미치는데도 말이다.

남편이 아내에게 폭군처럼 권력을 휘두르는 행위에 대해서는 자세히 설명할 필요조차 없다. 그 해악을 완벽하게 없애려면 아내도 다른 모든 사람과 동등한 권리를 가지고 동일한 방식으로 법익 보호를 받도록 하는 것보다 더 나은 방법은 없기 때문이다. 그리고 이 주제와 관련해 기존의 불평등한 부부 관계를 옹호하는 사람들은 권력의 투사로 나서는 셈이니 자유를 언급할 자격도 없다.

어린아이들의 경우에도 자유의 개념이 악용되어 국가가 의무를 이행하는 데 실질적인 걸림돌이 되고 있다. 자식은 비유적이 아닌 말 그대로 부모의 일부라고 생각해서 자식에 대한 절대적·배타적 지배권에 법이 조금이라도 개입하려고 들면 크게 반발한다. 자신의 자유를 간섭받을 때보다 더욱 반발하는데, 이는 일반적으로 자유보다 권력을 더 존중하기 때문이다.

교육을 예로 들어 생각해보자. 국가가 자기 시민으로 태어난 모든 인간에게 일정 수준에 도달할 때까지 교육받도록 요구하고 강제하는 것은 지금으로서는 너무나 자명한 공리처럼 되어 있다. 하지만 실상 이것을 진리로 기꺼이 인정하고 적극적으로 주장하는 사람은 몇이나 되는가? 한 인간을 세상으로 불러들인 후에 그를 적절하게 교육하여 다른 사람들을 위해서도 자기 자신을 위해서도 제 역할을 능숙하게 해내며 살아가도록 만드는 것이, 지금의 법과 관습에 따르면 아버지의 가장 신성한 역할 중 하나라는 점은 아무도 부정하지 못할 것이다.

이것이 아버지의 의무라고 모두가 말하지만 이 나라에서는 모든 아버지가 그 의무를 이행하도록 국가가 강제해야 한다는 목소리를 내는 사람은 없다. 아이에게 교육을 보장하기 위해 노력하거나 희생하라고 요구하는 대신에 일단 무상교육을 제공하고 그때 그것을 받아들일지 말지 선택하는 것은 아버지의 몫으로 남겨야 한다는 것이다.

    음식으로 먹여 살리는 것만이 전부가 아니다. 자녀가 제대로 사람 구실을 할 수 있도록 정신을 위한 가르침과 훈련도 필요하다는 점을 아직도 인식하지 못하고 있다면 불운한 자식과 사회 모두에게 도덕적인 범죄를 짓는 것이다. 그러므로 부모가 이 의무를 이행하지 않으면 국가가 최대한 이행하도록 조치해야 한다.

국가교육의 역할

보통교육의 의무가 일단 받아들여지면 국가가 무엇을 어떻게 가르쳐야 하는지에 대한 난제들을 해결해야 할 것이다. 그런데 현재 이 문제는 한낱 여러 파벌이 싸움을 벌이는 주제로 변질되어 교육에 쏟아야 할 시간과 노력이 불필요한 언쟁들로 낭비되는 실정이다. 정부가 모든 아이들이 좋은 교육을 받을 수 있도록 '요구할' 마음을 먹었다 해도 굳이 나서서 그 교육을 '제공하는' 수고까지 들일 필요는 없다. 어디에서 어떻게 교육할지에 대해서는 부모의 선호에 따르도록 맡기고서 빈곤 계급의 아이들에게는 학비를 일부 지원하고, 학비를 내줄 사람이 아무도 없는 아이들에게는 전액을 지원하는 것으로 만족하면 된다.

국가교육에 대한 반발이 있고 이런 반발에는 근거가 있지만, 이는 국가가 의무교육을 강제하는 문제에는 적용하지 못한다. 국가가 그 교육을 직접 맡아서 총괄하려 들 때 적용할 수 있다. 그 둘은 전적으로 다른 문제이기 때문이다. 국민 전체에 대한 교육, 또는 전체는 아니더라도 교육의 대부분이 국가의 판단으로 이루어진다면, 그에 대해 나는 반대한다.

사람들의 개별성, 의견, 행동 방식의 다양성을 인정하는 것이 얼마나 중요한지에 대해 지금까지 계속 이야기해왔듯이, 마찬가지로 교육의 관점에서 논의되는 다양성도 매우 중요하다.

일반적인 국가교육은 그저 사람들을 일정한 틀에 끼워 맞추어 서로 똑같아지도록 찍어내려는 장치에 불과하다. 그 틀은 권력을 주도하는 무리의 입맛에 따라 결정된다. 그 권력은 군주일 수도, 성직자일 수도, 귀족일 수도, 다수파 기성세대일 수도 있다. 국가교육이 얼마나 효율적이고 성공적이냐에 비례하여 국민의 정신적인 측면과 신체적인 측면의 발전 수준이 달라진다.

국가가 설립하고 통제하는 교육이 어쨌든 있어야 한다면, 많은 경제적 교육 실험 중 하나로서 다른 방식의 교육들도 일정 수준으로 훌륭해지도록 시범을 보이고 자극하는 역할을 수행하기 위한 목적으로만 있어야 한다. 사회가 전반적으로 퇴보하여 정부가 그 과업을 떠맡지 않을 경우, 사회 자체적으로는 적절한 교육제도를 제공할 수도 없고 제공하려 하지도 않는다면, 그때는 진짜로 정부가 두 가지 큰 해악 중 차악으로 학교와 대학을 운영할 수 있다. 민간 기업이 대규모 산업을 감당하기에 여의치 않을 때 정부가 공동 출자로 합자회사를 운영하듯이 말이다.

그러나 일반적으로 정부의 원조 아래에 교육을 제공할 자질을 갖춘 인물들을 나라가 충분히 보유하고 있다면 그들이 자발적으로 나서서 똑같이 양질의 교육을 제공할 수 있을 것이고 기꺼이 그러려고도 할 것이다. 의무교육을 법제화하고 그 비용을 부담할 수 없는 사람들에게 국가가 지원을 해주어 그 보수까지 보장된다면 말이다.

그런 법을 집행하는 수단으로 모든 아이를 대상으로 어릴 때부터 국가가 주관하는 공공 시험을 치르게 하는 것만 한 게 없다. 모든 아이는 정해진 나이가 되면 반드시 시험을 봐서 글을 읽을 수 있는지 확인해야 할 것이다. 아이가 글을 읽지 못하면 아버지는 그 이유가 충분하지 않은 한 필요하다면 자기 노동력으로 감당하기에 적정한 벌금을 내야 하고 아이의 학비도 직접 부담시킬 수 있다.

시험은 해마다 한 번씩, 과목을 점진적으로 늘려서 치르도록 하여 최소한의 일반 상식은 습득할 수 있게 해야 한다. 그 최소한을 넘어서서 모든 과목의 시험을 자발적으로 치르도록 해야 한다. 그러면 일정한 능숙도에 도달한 모든 사람에게 그 인증서를 교부할 수도 있을 것이다.

이런 제도들을 통해 국가가 사람들의 의견에 부당한 영향력을 행사하지 않도록 하려면, 언어와 그것의 활용처럼 단순히 지식에 도움이 되는 차원을 넘어서서, 시험을 통과하는 데 필요한 지식은 고등 시험일지라도 오로지 사실과 실증과학으로 한정해야 한다. 종교, 정치, 다른 논쟁적 주제에 관한 시험은 그 의견들이 진리인지, 거짓인지를 묻는 것이 아니라 여러 학자나 학파가 여러 가지 근거를 토대로 주장한 여러 의견의 사실관계 중심으로 물어야 한다.

이런 교육제도를 경험한 세대는 모든 논쟁적 진리에 대해 적어도 지금보다는 합리적인 관점을 제시할 수 있을 것이다. 그들도 지금의 우리처럼 국교도나 비국교도로 성장할 테지만, 국가는 오직 그들이 객관적으로 교육을 받고서 스스로의 판단력으로 국교도든 비국교도든 성장할 수 있도록 하면 된다. 또, 부모가 동의하기만 한다면, 다른 과목들과 마찬가지로 종교 과목을 가르치는 것도 얼마든지 가능하다.

논쟁이 되는 주제에 대해 시민이 결론을 찾을 때 편견을 주입하려는 국가의 모든 시도는 해악이다. 그러나 주의를 기울일 가치가 있는 주제가 주어졌을 때 자신만의 결론에 이르는 데 필요한 지식을 어떤 사람이 갖추었는지 국가가 확인하고 인증해주는 것은 아주 정당하다.

철학을 공부하는 학생은 존 로크와 임마누엘 칸트[27]에 대한 시험만큼은 더 잘 볼 것이다. 둘 중 어느 철학에 동조하든, 아니면 어느 철학에도 동조하지 않든 말이다. 무신론자에게 신앙고백을 하라고 요구하는 것이 아니라면, 기독교의 증거들에

---

27 존 로크는 영국의 철학자이자 정치사상가로, 계몽철학과 경험론철학의 원조로 알려져 있다. 임마누엘 칸트는 독일의 철학자로, 합리론과 경험론을 거부하는 비판 철학을 창시한 인물이다.

대해 시험을 치게 하는 것이 아니라면 기독교의 증거들에 대해 시험을 치게 하는 것을 반대할 정당성이 없다.

하지만 고등 지식에 대한 시험은 전적으로 자발적인 시험이어야 한다고 나는 생각한다. 소위 자격증이 없다는 이유로 어떤 사람을 전문직에서, 심지어 교직에서 배제할 수 있는 권한을 정부에 허용하는 것은 너무나 위험한 발상이다. 나는 과학적 혹은 전문적 능력에 대한 학위나 다른 공식 인증서는 시험에 통과한 모두에게 교부해야 하지만 그런 인증서들이 경쟁자들에 비해 유리한 혜택을 가져다줘서는 안 된다고 생각한다. 여론이 그것들의 인증 효과를 중요하게 여길 수 있을지라도 말이다. 이런 점에서는 빌헬름 폰 훔볼트의 생각과 같다.

부모의 역할

자유에 대한 개념이 잘못 잡히는 바람에 부모는 도덕적인 의무를 인식하지 못하고, 그 결과 법적인 의무도 강제하지 못한다. 전자에 대한 근거들은 항상 강력하기 그지없고 후자에 대

한 근거들도 많은 경우에 그렇다. 이는 비단 교육 문제에만 한정된 것이 아니다. 한 인간을 존재시킨다는 것은 그 사실 자체로 인간의 삶에서 가장 크게 책임질 행동을 한 것이다.

이런 책임을 떠맡고서, 즉 저주일지 축복일지 모르는 삶을 부여해놓고서 그 삶을 부여받은 생명체가 최소한 바람직한 존재로 자라날 일상적 기회조차 제공하지 않는다면 그것은 그 생명체에게 범죄를 저지르는 것과 같다. 그리고 인구 과잉으로 위협받는 국가에서 아이를 많이 출산하는 것은 그들의 경쟁으로 인해 인건비를 떨어뜨리는 효과를 낳으므로 노동의 보수에 기대어 살아가는 모두에게 심각한 폭력이다.

유럽의 많은 나라에는 가족을 부양할 수단이 있다는 것을 증명하지 않는 한 결혼을 금지하는 법이 있는데, 이는 국가의 적법한 권한을 넘어서는 것이 아니다. 현지의 상황과 정서에 주로 좌우되는 문제로 그런 법이 편의적이든 아니든 자유를 침해했다고 이의를 제기할 만한 것도 아니다. 잘못된 행동, 즉 다른 사람들에게 해가 되는 행동을 막기 위해 국가가 간섭하는 것으로, 법적 처벌까지 가하기에는 합당하게 여겨지지 않더라도 비난과 사회적 낙인의 대상이 되기에는 충분하기 때문이다.

하지만 현재 자유에 대해서는 개인 자신에게만 관계되는 문제일지라도, 실제로는 그 자유를 침해하는 방향으로 사람들의 생각이 너무나 쉽게 돌아서는 양상을 보인다. 개인이 방종하면 그 결과 자식의 삶이 타락하게 될 뿐만 아니라 그런 행동에 어떤 식으로든 영향을 받을 수밖에 없는 사람들에게 해악을 끼치게 되는데, 그 같은 성향에 어떤 제약도 받아들이기를 거부하는 식이다. 이렇게 자유를 존중하는 현상과 자유를 존중하지 않는 현상의 불균형을 비교해보면 인간에게는 다른 사람들을 해할 불가결의 권리가 있을 뿐, 누구에게든 고통을 주지 않고서 행복해질 권리는 전혀 없다는 생각이 든다.

정부의 개입을 반대하는 근거

나는 정부가 개입할 수 있는 한계를 설정할 때 중요하게 다루어야 할 문제들을 마지막까지 남겨놓았다. 그 문제들은 이 책의 주제와 깊은 연관이 있지만 엄밀히 말하자면 다르다. 정부의 개입을 반대하는 근거가 자유의 원리에 있지 않기 때문이다. 개인의 행동을 제약하는 것이 아니라 돕는 것에 관한 문제들이다. 정부가 각 개인이 개별적으로든, 아니면 자발적으로 서로 모여서든 알아서 하도록 내버려두는 대신에 그들의 이익을 위해 무엇인가 해야 하거나 무슨 일을 하도록 해야 하는지에 대해 살피고자 한다.

자유의 침해와 관련 없는데도 정부의 개입을 반대하는 데는 세 가지 이유가 있다. 첫 번째, 정부가 맡기보다 개인이 맡아서 해야 더 좋은 결과로 이어지는 일들이 있다. 일반적으로 어떤 업무를 처리하거나, 그 업무를 어떻게 누구를 통해 처리할지 결정할 때 그 업무에 개인적으로 이해관계가 달려 있는 사람만큼 적절한 사람은 찾기 어렵다. 이 원리에 따르면 한때 정부가 입법부나 관료를 통해 통상적인 산업 과정에 흔하게 개입하던 일은 규탄돼야 한다. 그러나 이 부분은 정치경제학자들이 충분히 자세하게 다루었고, 이 책에서 다루는 자유의 원리와 특별한 상관관계도 없다.

두 번째 반대 이유는 우리 주제와 한층 밀접하다. 어떤 특정한 일에 대해서 개인이 정부 관료만큼 잘 해내지는 못하더라도, 개인 자신의 정신교육을 위하는 측면에서는 개인이 하는 것이 바람직하다. 실무 능력을 강화하고, 판단력을 키우며, 앞으로 처리하게 될 일들에 익숙해지도록 지식을 더해주기 때문이다. (정치적인 재판이 아닌 경우) 배심재판, 자유로운 민주적 지방자치제도, 자발적인 결성을 통한 산업단체와 자선단체의 운영을 권장하는 유일한 이유는 아닐지라도 중요한 이유다. 이것들은 자유에 관한 문제가 아니라 발전에 관한 문제다. 자유라는 주제와는 단지 간접적으로만 연결되어 있을 뿐이다. 이는 국민교육의 일환으로 이런 것들을 지금부터 자세히 설명하기에는 다른 경우에 속한다.

사실 국민교육은 시민을 훈련시키려는 목적을 갖고 있다. 자유인들에게 실질적으로 정치교육을 하는 셈인데, 개인과 가족 중심의 편협한 이기적 울타리에서 벗어나 공통의 이해관계를 파악하면서 공통 관심사를 다루는 데 익숙해지도록 하는 것, 즉 공공의 동기에 따라 행동하는 것을 습관화하여 서로에게서 고립되는 대신 결속하는 것을 목표로 행동하도록 지도하는 것이다.

이런 습관과 힘 없이는 자유 헌법이 제대로 작동할 수도, 보존될 수도 없다. 각 지역의 자유라는 기반이 충분하지 않은 나라들에서는 정치적 자유의 성격이 너무나 일시적이고 가변적인 것이 그 예다. 순전히 지역에만 국한된 안건은 그 지역민이 처리하고, 대규모 사업을 위해 자금을 공급할 수 있는 사람들이 자발적으로 연합하는 것은 이 책에서 얘기해온, 개별성의 발전과 행동 방식의 다양성이라는 장점들 때문에라도 권장된다.

정부는 어디에서나 비슷하게 작동하는 경향이 있다. 반면에 개인들이나 자발적으로 결성한 단체들과 함께하면 다양한 실험을 통해 다채로운 경험을 끝없이 이어갈 수 있다. 이때 국가가 유용하게 할 수 있는 일은, 많은 시도 끝에 그 결과로 얻은 경험을 중앙에서 보관하고 적극적으로 전달해 확산하는 것이다. 국가의 역할은 각 경험주의자가 자기 실험만 고집하는 것이 아니라 다른 사람들의 실험에서도 이득을 취하도록 돕는 데 있다.

세 번째 이유이자 정부의 개입을 제한하기 위한 가장 설득력 있는 이유는 정부의 권력에 불필요한 힘을 더하는 것은 중대한 해악이라는 점이다. 정부가 이미 실행하고 있는 기능에 다른 기능이 더해질 때마다 대중의 희망과 두려움에 미치는 정부의 영향력이 더욱 확산되어 대중 중에서 적극적이고 야심찬 시민들을, 정부 혹은 집권 여당을 목표하는 정당 주위나 기웃거리는 존재로 개조해버린다.

도로, 철도, 은행, 보험회사, 대형 합자회사, 대학, 공공 자선

단체가 정부 산하로 전부 들어가고, 지금은 권력이 이양되어 있는 지방자치단체와 지역 기관들까지 중앙행정부서가 된다. 이렇게 다른 조직들에 고용된 사람들이어도 정부가 이 모든 곳의 채용을 담당하고 급여를 지급하므로 삶이 향상되리라는 기대를 정부에 걸 수밖에 없어진다. 언론의 자유가 있고 입법기관이 대중화돼도 이것만으로는 어느 나라에서든 허울뿐인 자유 이상을 누릴 수 없다. 행정기관이 더욱 효율적이고 과학적으로 구성될수록, 즉 최고의 자질을 갖춘 인재들을 채용하여 행정기관에 배치하는 방식이 정교해질수록 그 폐해는 더욱 커질 것이다.

최근 영국에서는 가장 똑똑하고 많이 교육받은 사람들이 정부에서 일할 수 있도록 경쟁시험을 통해 선발해야 한다는 제안이 대두됐다. 이 제안을 두고 많은 사람이 찬반 입장으로 나뉘어 말과 글로 논쟁을 펼쳤다.

이 제안을 반대하는 측에서 가장 많이 언급하는 쟁점은 다음과 같다. 국가의 공복으로 평생 일해야 하는 공직은, 보수와 중요성이라는 관점에서 바라볼 때 최고의 인재를 끌어들이기에 충분하지 않으므로, 그런 인재가 언제든 더 매력적인 전문직이나 회사나 다른 공공 기관을 찾을 수 있다는 것이다. 이 주장이 찬성하는 측에서 그 제안의 주요 어려움에 대한 답변으로 나온 것이라면 놀랍지도 않을 것이다. 반대하는 측에서 그 주장이 나왔으니 너무나 이상하다는 것이다.

반대하는 측에서 촉구하는 것은 이러한 제도가 실제로 시행되었을 때 발생할 수 있는 위험에 대한 안전판을 마련하는 것이었다. 실제로 이 나라의 뛰어난 인재들이 모두 정부에서 일하겠다고 한다면, 그런 결과를 야기할 수 있는 제안에 불안을 내비치는 것도 당연하다. 만약 조직화된 협력이나 원대한 종합적 관점을 요구하는 사회의 모든 사업 분야가 정부의 수중에 있다면, 그리고 정부 관료가 오로지 가장 유능한 사람들로만 채워진다면, 순수하게 사변적인 문제를 제외하고 나라의 문화 확장과 실천적 지성은 정부 관료에게 집중되어 나머지 사람들은 모든 일에서 관료들만 쳐다보게 될 것이다.

대중은 자신들이 해야 할 일마다 지시와 명령을 받으려고, 능력 있고 야심으로 가득한 사람들은 개인적인 출세를 위해서 말이다. 이런 관료제의 구성원으로 받아들여지는 것, 받아들여진 다음에는 그 안에서 승진하는 것이 야망의 유일한 대상이 된다.

제도와 권력의 폐해

이런 체제에서 관료조직 외부에 있는 대중은 실무 경험이 부족하여 관료제의 작동 방식을 비판하거나 견제할 수 있는 자질을 갖추기가 어렵다. 그뿐만 아니라 일반적인 제도들이 전제적으로 작동하든, 자연스럽게 작동하든 그 과정에서 간간이 개혁적인 성향의 통치자들이 우연히 권력의 정점에 오르게 되더라도 관료조직의 이익에 반하는 개혁은 이루어질 수 없다. 정세를 살필 기회가 충분했던 사람들이 설명하듯이 러시아제국은 그와 같은 곤란한 상황에 처하고 말았다. 러시아 황제인 차르도 관료조직에 직접 대항할 권력은 없었다. 차르는 관료 중 누구든 시베리아로 보내버릴 수 있지만 그들 없이 혹은 그들의 의지를 거슬러 통치할 수는 없다. 관료들은 차르가 내린 명령을 실행하지 않는 것으로 암묵적인 거부 의사를 표현할 수 있었다.

문명이 한층 진보한 나라, 반골 기질이 더욱 강한 나라의 대중은 국가가 그들을 위해 모든 것을 다 해주는 데 익숙하다. 또한, 국가가 요청하지 않은 일에 대해서는 아무것도 하지 않고 그저 국가가 처신하도록 내버려둔다. 심지어 그 일이 어떻게 돌아가든 자신들에게 닥치는 해악은 당연히 전부 국가가 책임져야 하고, 그 폐해가 인내를 초과하는 정도라면 국가에 반기를 들고서 혁명이라는 것을 일으키는 데 익숙하다. 그 결과, 다른 누군가가 국가로부터 합법적 권위를 부여받고, 혹은 부여받지 않고서도 그 자리로 도약하여 관료에게 명령을 내리지만 모든 일은 이전과 똑같이 돌아간다. 관료들은 불변하고, 그들을 대신할 수 있는 사람은 아무도 없다.

자기 일을 스스로 처리하는 데 익숙한 사람들 사이에서는 아주 다른 광경이 펼쳐진다. 프랑스 사람들은 대부분 군 복무를 하고, 그들 중 다수가 최소한 하사관 지위에 오른다. 그 덕분에 대중의 반란이 일어날 때마다 지도자의 자리에서 괜찮은 작전 계획을 즉석에서 짜낼 만큼 유능한 사람이 여럿 있게 마련이다. 프랑스인들에게는 군대 경험이 있다면 미국인들에게는 민간사업 경험이 있다. 미국인은 정부의 개입 없이 내버려 두면 모두가 알아서 충분한 지성, 질서, 결정을 통해 즉석에서 그런 조직을 하나 만들어내어 운영하면서 다른 공공사업도 이루어낸다.

자유를 가진 사람들이 보여줘야 할 진정한 모습이 이것이다. 그리고 이를 해낼 수 있는 국민은 분명 자유로울 것이다.

그런 국민은 결코 어떤 사람이나 조직의 노예가 되지 않을 것이다. 그들이 중앙정부를 장악하여 국민의 고삐를 당기면서 통제권을 휘두를 수 있기 때문이다. 어떤 관료조직도 이런 국민에게 그들이 싫어하는 일을 시키거나 경험하도록 만들 수 없다.

그러나 모든 일이 관료조직을 통해 이루어지는 곳에서는 관료조직이 정말로 반대하는 일이라면 어느 것도 이루어질 수 없다. 그런 나라에서는 경험과 실무 능력을 갖춘 국가조직이 나머지 국민을 통치하기 위해 잘 훈련된 단체에 불과해진다. 그 조직이 그 자체로 완벽해질수록 모든 계층에서 가장 유능한 사람들을 조직으로 끌어모아 조직을 위한 인재로 교육할 수 있다. 그리고 그렇게 될수록 관료조직에 편입된 구성원 모두가 더욱 완벽하게 예속된다.

지배받는 사람들이 지배자들의 노예가 되듯이 지배자들도 조직과 규율의 노예가 된다. 중국 관료가 가장 밑바닥에서 폭정을 창출하는 도구로 사용된 것과 같다. 예수회라는 조직 자체는 그 구성원의 집단적인 권력과 중요성을 위해 존재하지만, 수도사 개개인은 제일 밑바닥까지 내려가 자기 조직의 노예가 된다.

또한 국가의 모든 중요한 역량을 지배 조직으로 흡수하면 머지않아 그 조직의 정신 활동과 진보에 치명적인 손상을 입힐 것이라는 사실도 잊어서는 안 된다. 관료조직은 한통속으로 단결하면서도, 즉 다른 모든 체제와 마찬가지로 정해진 규칙에 따라 움직일 수밖에 없는 체제로 작동하면서도 기계적인 절차에 따라 나태해지려는 유혹에 끊임없이 시달린다. 아니면 가끔은 연자매나 돌리는 말이 되기를 거부하더라도, 그 조직을 이끄는 사람의 기호에 맞춰 조잡한 일에도 제대로 된 검토 없이 무모하게 뛰어들고 싶은 유혹을 지속적으로 받는다.

겉으로는 상반되어 보이지만 밀접하게 연결되어 있는 이 두 가지 경향을 억제하고 조직 자체의 역량을 높은 수준으로 유지하도록 자극하는 길은 조직 밖에서 동등한 역량을 갖추고 조직을 경계하며 비판하도록 책임감을 심어주는 방법이 유일하다. 정부와 별개로 그런 역량은 아주 현실적인 문제를 바르게 판단하는 데 필요한 기회와 경험을 제공해줄 수 있는 수단으로, 필수적으로 마련돼 있어야 한다.

숙련된 효율적 공무원 조직, 무엇보다 진보를 이끌어내고 그 개선책을 기꺼이 채택할 수 있는 조직을 항구히 갖추려면, 그리고 관료조직이 현학자 집단으로 변질되는 것을 막으려면

이 조직이 인류가 정부를 유지하는 데 필요한 능력을 형성하고 배양해주는 업무를 전부 독점해서는 안 된다.

중앙정부의 역할

인간의 자유와 발전에 치명적인 해악들이 발생하는 시점, 더 자세히 말하자면 사회 복리에 걸림돌이 되는 요인들을 제거하기 위해 정부가 사회의 힘을 활용하고 그것을 통해 얻는 이득을 해악이 압도하기 시작하는 바로 그 시점을 판단하는 일은 아주 어렵고 복잡하다.

   정부를 통해 일반 활동이 너무 많이 이루어지지 않게 하면서도 권력과 지성의 집중을 통해 얻을 수 있는 이점은 확보하는 일도 마찬가지다. 그것은 많은 다양한 요인을 고려해야 하는, 대단히 세밀한 문제로 어떤 절대 규칙도 제시할 수 없다. 그러나 안전한 실천 원리, 계속 고려해야 할 이상, 난관을 극복하기 위해 마련된 모든 제도에 대한 검증 기준은 다음과 같은 말로 표현할 수 있다.

   "권력은 효율성이 유지되는 한 최대한 분산하라. 그러나 정보는 최대한 중앙으로 집중시킨 뒤에 중앙에서 확산시켜야 한다."

따라서 도시 행정의 경우에는 뉴잉글랜드의 여러 주처럼 직접적으로 이해관계가 있는 당사자들에게 맡기는 것이 적절하지 않은 일은 전부 지역민들이 선출한 독립적 공무원들이 아주 세밀하게 나누어 맡도록 해야 할 것이다. 이 외에도 지역 문제들을 다루는 각 부서에는 일반 정부에서 파견한 중앙 감독관이 있어야 할 것이다. 이런 감독기관은 모든 지역에서 공공 업무 감독관이 수행한 내용, 외국에서도 비슷하게 수행된 사례들, 일반적인 정치 과학 원리들을 토대로 다양한 정보와 경험을 결집시키는 중심 역할을 할 것이다.

이 중앙기관은 관련한 일이라면 모두 알아야 하고, 한 지역에서 얻은 지식을 다른 지역에서도 활용하도록 하는 특별한 임무도 지닌다. 그 기관은 높은 지위와 종합적인 관찰을 토대로 지역 특유의 열등한 편견과 비좁은 시야에서 벗어나게 되므로 그 기관에서 나온 조언에도 자연스럽게 권위가 한층 더 실릴 것이다.

그러나 항구적인 제도로서의 그 기관이 지닌 실제 권력은 제정된 법령들을 지키도록 강제하는 것으로 제한되어야 한다. 법령에 규정되어 있지 않은 일들은 지역 공무원을 선출한 시민들의 감시 아래 스스로 판단해서 처리하도록 해야 한다. 그 처신이 입법기관이 제정한 법령을 위반한 경우, 책임지는 것도 그들의 몫이다.

중앙행정부는 규칙이 제대로 시행되는지 지켜보기만 하면서 만약 적절하게 시행되지 않을 것 같으면 사안의 성격에 따라 법으로 집행하도록 법원에 호소하거나, 아니면 법의 정신에 맞게 시행하지 않는 관료들을 해임하도록 지역 유권자들에게 호소할 수 있다.

일반적인 개념에서 '구빈청'이라는 중앙 감독기관이 전국에서 구빈세를 거두어들이는 행정관들을 감독하도록 한 것도 그와 같은 경우다. 구빈청이 어떤 권력을 그 한계 이상으로 남용했을지라도, 지역민뿐만 아니라 공동체 전체에 심각한 영향을 미치는 문제에서 고질적인 행정 실책이 타성적으로 일어나지 않도록 바로잡으려 한 특별한 경우이므로 정당하고 필요한 것이었다. 지역 자체를 잘못 관리하여 빈민의 소굴로 만들고 그 영향이 다른 지역들에도 미치게 한 결과, 전체 노동자 사회의 도덕적·물리적 조건을 손상할 도덕적 권리는 어떤 지역도 가지고 있지 않기 때문이다.

구빈청이 지닌 행정 강제력과 종위입법권—이와 관련해서는 여론 때문에 거의 행사되지 못했지만—이 가장 중요한 국익과 관련한 경우에는 완전히 정당화될 수 있지만 순전히 지역의 이익만 걸려 있는 문제를 관리하는 데는 아주 부적절하다. 그러나 전 지역을 위해 정보를 모으고 지침을 내리는 중앙 기관은 모든 행정 부서와 동등한 가치를 지닐 것이다.

개인의 노력과 발전을 지원하고 동기부여하는 정부의 활동은 어느 정도의 기준선을 넘어가지 않도록 해야 한다. 해악은 정부가 개인과 조직에 권한을 행사하여 특정 활동을 요구하는 것이 아니라 그 활동을 대신할 때, 또는 정보를 제공해주거나 간간이 제약하는 것이 아니라 그들에게 족쇄를 채워 한쪽으로 물러나게 하고서는 그들 대신에 그들의 일을 할 때 생겨난다.

국가의 가치는 결국 그 나라를 구성하는 개인의 가치에 달려 있다. 국가가 개인의 정신적 확장과 고양을 통한 이득보다 세부적인 일을 처리하는 행정 능력이나 그와 유사한 업무 능력을 우위에 둔다면, 그리고 아무리 이로운 목적을 위해서라도 국민을 유순하고 말 잘 듣는 사람들로 축소시켜 버린다면, 결코 위대한 일을 성취할 수 없음을 깨닫게 될 것이다.

국가가 모든 것을 희생해서 국민을 완벽한 기계처럼 만들었을지라도, 그 기계가 더 부드럽게 작동하도록 개별성과 활력을 제거해버렸기 때문에, 결국 그런 국민은 생명력을 잃고 전혀 쓸모없어지게 된다.

/ 존 스튜어트 밀 연보 /

1806년   양적 공리주의자 제임스 밀의 장남으로 영국 런던에서 태어났다.

1809년   제러미 벤담과 사회개혁가 프랜시스 플레이스의 조언과 도움을 받은 아버지에게서 그리스어와 라틴어를 배우고, 다방면에 지식을 쌓았다.

1818년   스콜라철학과 아리스토텔레스의 논리학을 공부했다.

1819년   아버지의 친구이기도 한 경제학자 데이비드 리카도와 애덤 스미스를 비교하며 정치경제학을 공부했다.

1820년   프랑스에서 1년을 보내면서 화학, 동물학, 논리학, 고등수학을 배웠고 이후 사회주의 개혁가 생시몽, 실증주의자 오귀스트 콩트 등과도 교류하며 사상적 체계를 넓혀갔다.

1822년 〈트래블러(Traveller)〉지에 첫 사설을 기고한 것을 시작으로 정치, 형이상학, 철학, 종교, 시 등 다방면에서 활약하며 집필 활동을 이어갔다.

1823년 동인도회사 심사국에 들어가 1858년까지 35년간 근무했다.

1824년 제러미 벤담의 요청으로 그의 저서인《법적 증거의 합리적 근거》의 출판을 도왔다.

1830년 평생의 연인 해리엇 테일러를 만났으나 그녀는 유부녀 신분이었고, 20년 동안 교제하던 두 사람은 해리엇의 남편이 사망한 뒤 결혼했다.

1843년 《논리학 체계》출간

1848년 《정치경제학 원리》출간

1851년 해리엇 테일러와 결혼

1858년 아내 해리엇 테일러 사망

1859년 《자유론》 출간

1861년 《대의정부론》 출간

1863년 《공리주의》 출간

1865년 웨스트민스터의 하원의원으로 선출되어 3년간 활동했다.

1866년 최초로 의회에서 여성 참정권을 주장했으며, 비례대표제와 보통선거권의 도입 등 의회와 선거 제도의 개혁을 촉구했고, 토지 소유권과 재산세, 노동조합 문제에도 관심을 가졌다.

1869년 《여성의 종속》 출간

1873년 프랑스 아비뇽에 있는 아내의 묘 옆에 안장되었다. 이후 테일러 부인의 딸 헬렌에 의해 《자서전》이 출간되었다.

살면서 꼭 한 번은 자유론

초판 발행	2025년 5월 30일
지은이	존 스튜어트 밀
펴낸곳	다른상상
등록번호	제399-2018-000014호
전화	02)3661-5964
팩스	02)6008-5964
전자우편	darunsangsang@naver.com
ISBN	979-11-90312-68-4 03190

잘못된 책은 바꿔 드립니다.
책값은 뒤표지에 있습니다.

> 독자 여러분의 책에 관한 아이디어나 원고 투고를 설레는 마음으로 기다리고 있습니다.
> 이메일로 간단한 개요와 취지, 연락처를 보내주세요. 독자님과 함께하겠습니다.